JN228125

PLAY WORK

プレイ・ワーク

仕事の生産性がグングン高まる

「遊びながら働く」方法

ピョートル・フェリクス・グジバチ
Piotr Feliks Grzywacz

PHP

はじめに

仕事と遊びが混在するワークスタイル

「PLAY WORK（遊ぶように働く）」

この言葉から、あなたはどのような働き方をイメージしますか。

「PLAY WORK」は、僕が経営するコンサルティング会社、プロノイア・グループの文化スローガンの一つです。

仕事と遊びの境界線があいまいで、仕事をしているのか遊んでいるのかわからない状況。それがPLAY WORKです。仕事と遊びが混在しているからこそ、自由な発想や創造性を発揮することができて、仕事で価値を生み出すことができる。そんな働き方を僕たちは体現しています。

PLAY WORKは**「自己実現」**と大きく関わってきます。

日本人は〝遊び下手〟といわれます。休みの日に一日ダラダラして過ごしたり、せっかく定時に帰宅してもテレビやネットを見たりして時間を消費するような人は多いのではないでしょうか。

なぜそうなってしまうかというと、働くことを一番の目的に置いているからです。

本来は「自分が何を実現したいか」を明確にし、それを実現するための手段として仕事を捉えるべきではないでしょうか。そうすれば、**次第にオンとオフの境目がなくなり、自然と遊び上手、働き上手になっていきます**。

遊ぶように働くためには、**まず自分とは何者か、何を実現したいのかを自分に問う必要があります**。自己認識がベースにあって、「自分らしく働く」ことが可能になるからです。

ただし、「自分らしく働く」ことは、自分一人だけでは成し遂げられません。自分らしく働くための環境も同時に整える必要があります。

そこで、プロノイア・グループでは**「心理的安全性」**のある組織づくりを推進し続けています。おかげさまで、僕たちの活動に共感・賛同してくれる日本企業は増え続けており、多くのビジネスパーソンがＰＬＡＹ ＷＯＲＫを実践しています。

会社は「枠」か、それとも「軸」か

そもそも、僕たちがプロノイアをつくろうと思ったきっかけも、誰もが自己実現できる世界をつくりたかったから。そのために、会社を「枠」ではなく「軸」として働けるような組織を増やすことが必要不可欠でした。

「枠」というのは、文字通り組織の一員として属し、仕事をすることです（日本の伝統的な働き方ですね）。これでは個の能力が十分に発揮されません。

一方、会社を「軸」として捉えると、雇用形態に関係なく、正社員、インターン、ボランティアなどが互いにフラットに意見を言い合い、副業（複業）などを通じて社内外で自分らしい働き方を追求できる。つまり、**一人ひとりが「タレント」として社会に価値をも**

たらす働き方が可能になります。

働く意味や、働き方は十人十色。大切なのは自分の情熱や、自分にしか出せない価値を見出し、それを育むこと。そうした人材はいずれ、組織に大きなリソースをもたらします。個々の能力と才能が集まった結果、組織としてのパワーは一層高まるでしょう。PLAY WORKを通じて、こうした個と組織の好循環を生み出したいと思うのです。

なぜ今、PLAY WORKなのか

では、日本人が従来の働き方を見直し、PLAY WORKを実践すべきだと僕が考える理由を、3つのキーワードを使って説明しましょう。

1.「働き方改革」だけでは不十分

政府主導で進められてきた「働き方改革」は、労働時間の削減が主目的です。長時間労働は改善されますが、「働くのが嫌」「仕事が面白くない」と仕事を苦痛に感じている人が多いこと自体の解決にはまったくもってなりません。その結果、過度なストレスで疲れが溜まり、せっかくの休日も寝て終わりという人も多いでしょう。これではビジネスパーソンとしての成長は望めません。

まずは、**ビジネスパーソンが「仕事は楽しい」と感じ、生き生きと働けるようにワークスタイルを変えることが先決**だと考えます。

2.「人生100年時代」、今のままではお先真っ暗

定年を迎えれば嫌な仕事からも解放され、趣味やボランティア活動など自分のやりたいことで第二の人生を謳歌することができたのは過去のこと。これからは、定年という概念が薄れ、元気なうちは働き続けることが一般的になっていきます。そうなったとき、多くの人は、「仕事がつまらない」と文句を言いながら生涯を終えることになります。

人生100年時代、「働くこと」は「生きること」と限りなく重なり合っていきます。充実した人生を送るためには、一人ひとりが自分のワークスタイルを見直す必要があります。「働く＝暇つぶし、つらいこと」から解放されるべきでしょう。

3.「AI」に仕事を奪われるなら、人間は何をすればいい？

定型業務を中心に多くの仕事がＡＩ（人工知能）によって自動化されれば、人間は何の仕事をすればいいのか不安に感じている人も多いことでしょう。

ですが、見方を変えれば、ＡＩの登場は僕たちにとっては朗報です。つまらない仕事や嫌な仕事を、ＡＩが代わりに引き受けてくれるのです。**人間はもっと自由にやりたいことを仕事にすればいい**のです。

これらの問題提起に対する答えが、ＰＬＡＹ ＷＯＲＫなのです。

こうした背景があり、今後、ＰＬＡＹ ＷＯＲＫは働き方改革の主流になるだろうと確信しています。

PLAY WORKからはほど遠い現在の日本の職場

ところが、日本の職場を見ると、ＰＬＡＹ ＷＯＲＫとはかけ離れた現状があります。

これから紹介するのは実際にあった話です。僕の知り合いは大学で外国語を専攻し、語学が堪能です。将来は海外で働くことを希望し、海外事業を展開する日系金融会社に就職しました。

ところが、入社後に配属されたのは経理部でした。あいにくその男性は数字が苦手。上司からは「数字が苦手ならもっと経理を勉強しなさい」とプレッシャーをかけられて、とてもつらい思いをしたそうです。2年目には会社を辞めてしまいました。こうした事例は日本では決して珍しくありません。

この男性は会社を辞める選択をしましたが、一方で「この仕事は嫌だ」と思いながらも、辞める勇気がもてずにその職場に居続ける人もいます。周りの目を気にして転職に踏み切れなかったり、安定した職を手放すのをためらったりして、我慢を続けてしまうのです。今の日本では、むしろ後者のほうが多いかもしれません。

興味のない仕事や不向きな仕事に配属され、そのために苦労を強いられていることに気づいたら、選択肢は2つあります。

1．その仕事に夢中になることはできるのか、工夫してみる

2. 環境を変える、仕事を変える

1のケースは、仕事のプロセスを楽しめるように工夫することです。プロセスに楽しさを感じることができれば、その仕事自体も楽しめるようになることがあります。

Step2でも触れますが、たとえばヘンなかつらをかぶって会議に参加したり、面倒な経費精算を音楽を聴きながら行うなどです。

1にトライしてみたものの、仕事を楽しむ方法を見出せなかった場合には、2の「環境を変える、仕事を変える」選択肢が有効です。自分がやりたい仕事に就けるように、社内で異動希望を出す、転職する、あるいは雇用体系も変えて起業や独立の道も検討してみることをおすすめします。

PLAY WORKに必要な4つのステップ

1と2のどちらを選択するにせよ、**「どんな仕事や職場なら自分は楽しく働けるのか」「自分に合った仕事の楽しみ方とは何か」**を知り、楽しく仕事ができる環境を自らつくり

出していかなければなりません。

そこで必要なのが、次の4つのステップです。

1. 自己認識（Self-awareness）――自分のことを深く理解する
2. 自己開示（Self-disclosure）――自分のことを周囲の人たちに開示する
3. 自己表現（Self-expression）――他者や社会に対して価値を提供していく
4. 自己実現（Self-realization）――自分にしかできないことを実現する

具体的には、自己認識、自己開示、自己表現のステップを経て、自己実現に至ります。自己実現ができている人は、楽しみながら仕事ができるだけでなく、その仕事で他者や社会に貢献できているという充実感があります。周りから感謝されたり評価されたりして、「自分はできる」という自信もみなぎっています（自己効力感）。

この「自己実現」の状態を目指すのが、本書のゴールです。

本書では、PLAY WORKに必要な4つのステップを詳しく解説しています。皆さ

★PLAY WORKの実践フロー

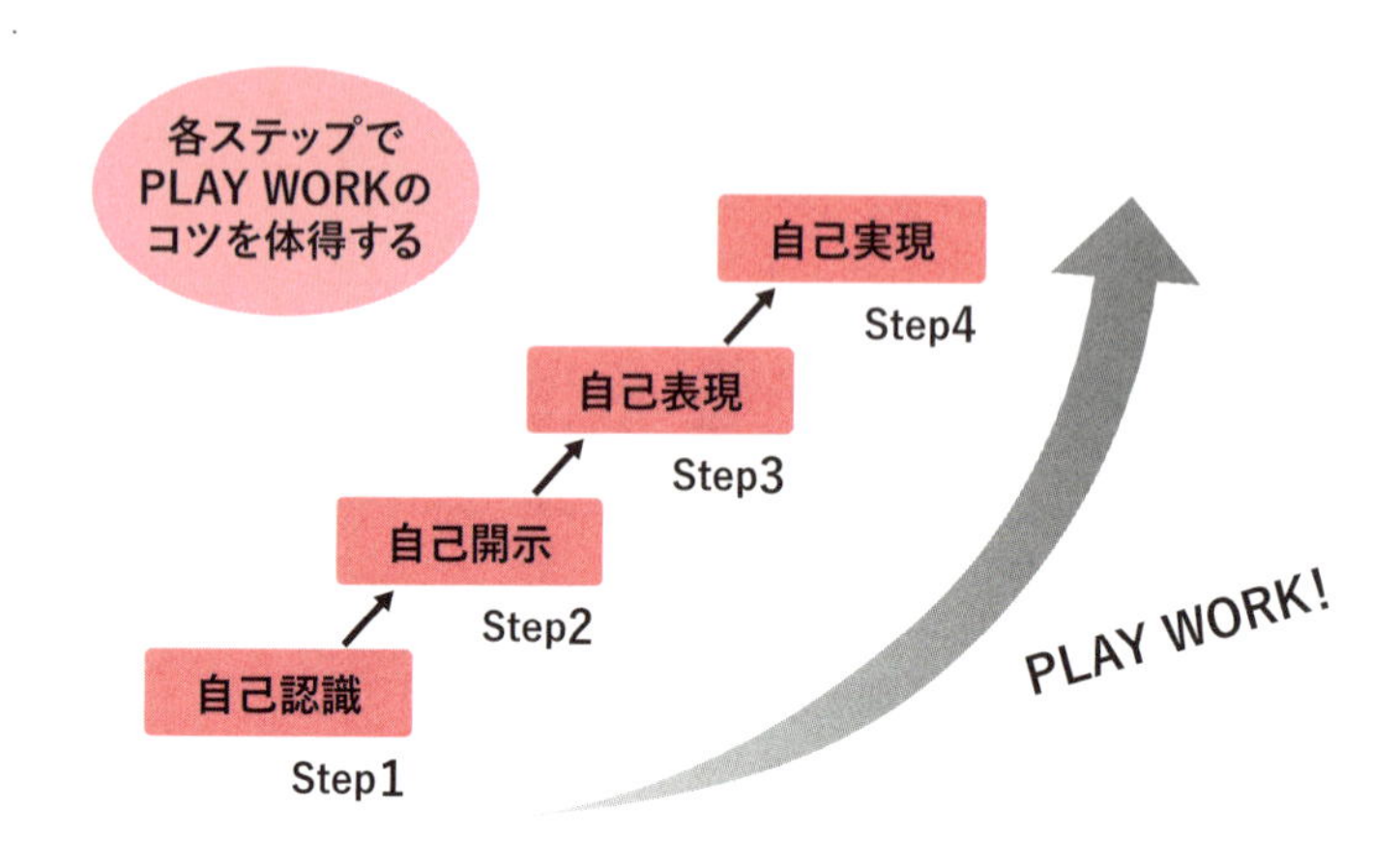

んに具体的にイメージしていただけるよう、僕の会社で実践しているＰＬＡＹ ＷＯＲＫの事例もたくさん掲載しました。きっと楽しみながら読んでいただけるのではないかと思います。

そしていつの間にか、あなたもＰＬＡＹ ＷＯＲＫを実践しているはずです。

意識したのは、「個人の視点」です。できるだけ個人の働き方にフォーカスし、**個人で取り組めるPLAY WORKのコツや手法**をふんだんに紹介しています。ぜひ普段の仕事で実践してみてください。

また、これからの組織はピラミッド型からフラット型に変わっていくと思うので、スタッフであろうとチームリーダーであろうと、ポジションに関係なく主体的にチームへ働きかけ、働く環境を整えていくことも重要になってきます。そこで周りの人たちを巻き込みながら、**楽しく働ける環境をつくる方法**も紹介しています。

本書が、遊びの視点からあなたの仕事を見つめ直し、PLAY WORKを実現させるためのアクションを生むきっかけになることを願ってやみません。自己実現できれば仕事は楽しいです。誰もが遊ぶように働ける世の中にしましょう!

2019年6月

ピョートル・フェリクス・グジバチ

本書に登場する主なプレイワーカー

ピョートル

本書の著者。元グーグルの人材開発部門に携わり、現在はプロノイア・グループを率いる親分。ワインとイタズラが大好き。

タマちゃん

プロノイア・グループのスタッフ。前職からワークスタイルをがらっと変えて、現在は着物姿でPLAY WORK中。「スナックたまえ」が好評。

ガイさん

広告代理店に勤めながら、プロノイア・グループの一員として、ピョートルとつねに楽しいことを企んでいる。感受性が豊かで涙もろい。Step4「自己実現」に登場。

セラ

プロノイア・グループのCCO（Chief Culture Officer）を務める。フットワークの軽さと元気がもち味。海外にも積極的に足を運ぶ。

Contents

Step 2

自己開示

Self-disclosure

Step 3

自己表現

Self-expression

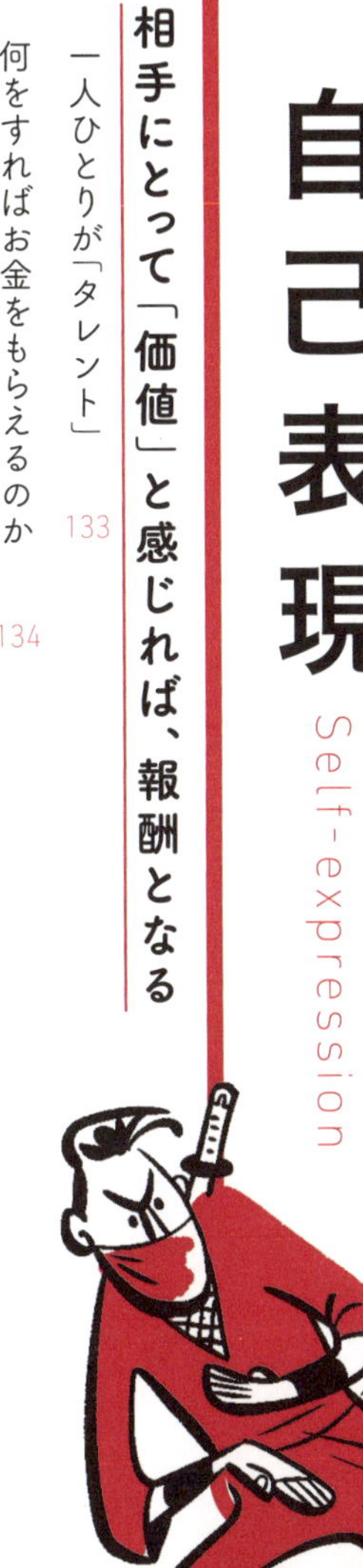

Step 4 自己実現 Self-realization

組織で働きながらでも、自己実現はできる

装丁：井上新八
イラスト：橋本 聡
図版：桜井勝志
編集協力：前田 はるみ

Step

1

自己認識

Self-awareness

Who are you?

あなたは何者ですか？

Step1のゴール

Know yourself.

まずは、自分のことを知る

「自分は何者か」を知ること、
すなわち「自己認識」は、
自分らしい働き方を見つけるための最初のステップです。
自分にはどんな能力や強みがあり、
何のために働くのか。
自己認識を深めていくと、
次第に生き方の軸が定まり、
毎日、笑顔で楽しく仕事ができるようになります。

職業や肩書は、「あなた」ではない

楽しく仕事をするのに、自己認識が必要な理由

「あなたは何者ですか？」


初対面の相手からこう問われたら、あなたは何と答えますか。

僕は時々、話の流れでそう質問をすることがあります。

すると、相手は「え？」と戸惑った顔をしてから、「○○です」と名前を答えます。

「さっき名刺交換をしましたから、お名前は存じていますよ」と僕。相手は質問の意図が理解できず、ますます怪訝（けげん）そうな顔になる、というのがよくあるパターンです。

僕が聞きたかったのは、「**あなたは何に興味・関心があって、何をしたいのか、仕事で何を得たいのか**」といったことです。

自分がどんな人間で、何をしたいのか。

これがわかっている人は、自己認識ができている人です。**自分のやりたいことがわかれば夢中になれるので、楽しく仕事をすることができます**。

一方で、自己認識が希薄な人は、自分のやりたいことがわからず、会社や上司から指示された業務をこなすことが仕事になります。苦手な仕事を任されて、「嫌だなあ」と思ったとしても、自分の得意なことを知らなければ、与えられた仕事をやるしかなくなります。こんな仕事が楽しいはずはありません。

「やりたいこと」をやるために一念発起

ここで、**タマちゃんこと、星野珠枝**（たまえ）に登場してもらいましょう。

タマちゃんは1年前、大手日本企業から僕が経営するコンサルティング会社・プロノイア・グループに転職してきたスタッフです。この1年で自己認識を急激に進化させ、自分らしい働き方を見つけつつあります。ちなみに、僕たちは、**一緒に働く者として親しみを込めて「ニックネーム」で呼び合っています**。

初めて会ったとき、タマちゃんは前職の会社で働き方改革を担当する管理職でした。しばらく言葉を交わしてから、僕が尋ねたのです。

ピョートル「あなたは何者ですか?」
タマちゃん「え? 星野ですけど」
ピョートル「はい、それはわかっています」

僕らのギクシャクした会話は、今では笑い話です。タマちゃんは、僕からの思いもよらぬ質問に面食らっていました。

「今でこそ、ピョートルの質問の意図は理解できるけれど、あの頃は自分が何者で、何をしたいのか、どんな価値を社会に提供したいかなんて意識していなかった。むしろ、組織から期待される役割が自分のやりたいことだと勘違いしていたかもしれない」

当時をふり返って、タマちゃんはこんなふうに話しています。

それからしばらくして、タマちゃんは会社を辞め、僕たちと一緒に働くようになりました。

「**自分の人生を後悔したくないから、自分が本当にやりたいことをやろう。やれる環境に移ろうと決めた**」とタマちゃん。あの質問に答えられなかったことがショックで、転職を考えるきっかけになった、とあとで聞きました。

誰もがキラキラした夢をもっている

最近、タマちゃんが自分のアイデアで始めたのが、**「スナックたまえ」**というプロジェクトです。これは、着物姿のタマちゃんが〝スナックのママ〟の役割を演じることで、参加者が話しやすい場をつくるという実験的な試みです。

その狙いは、ビジネスパーソンが自分を見つめ直し、自己認識するきっかけを提供する

こと。僕らが主催するイベントやセミナーなどの会場の一角で、お酒や軽食を用意した「スナックたまえ」をゲリラ的にオープンしています。

といっても、リアルな店舗ではなく、「スナックたまえ」と書かれた提灯(ちょうちん)をテーブルに置いただけの、手作りスナックです。

彼女がなぜ「スナックたまえ」を始めたのか。実はこれには、本人の自己認識が深く関わっています。

自分はいったい何がしたいのか——。タマちゃんが自己認識を進めていく過程で思い出したのは、**忘れかけていた学生時代の夢**です。得意の語学を生かして、海外の人たちとコミュニケーションを取る仕事がしたい。でも、実際の社会人生活で海外の仕事に携わる機会はほとんどなく、いつしかあきらめていた夢でした。

これに近いことは、ビジネスパーソンならみんな経験しているのではないか。そう考えたタマちゃんは、**「ビジネスパーソンが昔の夢を自由に語り合える場所をつくりたい」**と思うようになったのです。

前の会社に勤めていた頃、定年間近の男性が「第二の人生は、地域の子どもの世話焼きおじさんになりたい」と話していたことを思い出し、誰もが好きなことを社会に還元しながら生きていける人生100年時代をつくりたくて、「スナックたまえ」を始めたのでした。

それにしても、なぜ「スナック」だったのでしょうか。タマちゃんに聞いてみました。

「働くオジサマ方が恥ずかしがらずに『オレの夢は……』と語れる場所といえば、スナックかなと(笑)。**わたしも新人時代、よく新橋のスナックに連れていかれたんです。**スナックは、すごく特殊な空間です。ママの前では気軽に悩みを打ち明けられるし、お客さん同士もお互いを尊重し合って、いい距離感で興味をもち合える空気があります。スナックならではのコミュニケーションの築き方を再現できたら面白いなと思ったんです」

「スナック」という手段を選んだ理由は、彼女自身の経験にあったというわけです。

かつて描いた夢、あなたも忘れていませんか？

Challenge

幼いときの夢を思い出して口に出してみよう！

人と会い、知らない世界を見て、自分自身を解き放つ

固定観念が自己認識を妨げる

自分がどんな人間で、何をやりたいのか。

これがわかっているビジネスパーソンは、はたしてどれくらいいるでしょうか。残念ながら、ごくわずかだと思います。

自己認識がなかなか進まない理由として、タマちゃんが話してくれたように、**「組織から期待される役割＝自分のやりたいこと」と勘違いしている人が多い**からだと思います。

誰しも学生の頃は、「社会人になったらこんな仕事がしたい」「こういう方面で活躍でき

たらいいな」と夢見ていたはずです。

ところが、いざ会社に入って職場に配属されると、理想とはかけ離れた現実が待っている。「自分の能力を生かせる仕事がしたい」と思いながらも言葉を飲み込んだり、「安定したポジションを手放すくらいなら、多少の我慢は仕方ない」と思い直したり。

そうやって自分の夢や希望を押し殺して働き続けていると、どうなるでしょうか。組織の期待に沿って努力することが当たり前と思うようになり、自分が本当にやりたかったことを見失ってしまうのです。

「仕事とは楽しくないもの、嫌なことを我慢してやるもの」とか、「上司は上司らしくふるまうべき」といった考え方は、日本のビジネスパーソンが囚われがちな固定観念といえます。**固定観念は、正しい自己認識を妨害する最大の要因**です。

特に日本人には、固定観念を強化するようなコミュニケーションが多いように思います。血液型に関する会話はその典型でしょう。

Aさん「あなたは何型ですか？」

Bさん「AB型です」

Aさん「ああ、やっぱり。AB型って、変わり者が多いよね」

どうですか？

よく耳にする会話ですね。あるいは、

Aさん「お仕事は何ですか？」

Bさん「○○会社のエンジニアです」

Aさん「○○会社のエンジニアって、みんな真面目に見えますね」

年齢で人を判断しようとするのも固定観念です。

「40歳を超えたら管理職に就いてないとヤバイよね」とか、「40歳を超えたらもう独立は無理だよね」とか、何の根拠もないまったくの思い込みでしかありません。

人に会って無意識のフレームを外す

僕は21歳のインターンの学生に、「ピョートルは40歳を過ぎているから、もう伸びしろないでしょ」と言われたことがあります。それはつまり、40歳を過ぎたら人生は終わっている、と言いたいのでしょうか（笑）。

しかし、それは違うとはっきりいえます。

好奇心をもって学び続ければ、年齢に関係なく人は成長できることが脳科学によって明らかにされています。これを「**神経の可塑性**（"neural plasticity"）」と呼びます。

脳が衰えるのは年齢を重ねたからではありません。年齢とともに活動量が減ることが原因なのです。60歳になったから脳が衰えるのではなく、定年を過ぎて家にいる時間が増え、誰とも話さずテレビばかり見ていれば脳が衰えるということです。

固定観念に囚われているかどうかは、自分では気づきにくいものです。同じ組織のなかで長く働き続けている人は、組織の常識やルールがすべてだと〝マインドコントロール〟

されているかもしれません。

固定観念から自分自身を解き放つには、いろんな人に会い、いろんな世界に触れることが、最も効果的です。

タマちゃんが「あなたは何者ですか？」と質問されて自分のことを見つめ直したように、無意識のフレームを外すきっかけは無数に存在します。

今まで出会わなかったタイプの人に会い「そんな考え方があるの？」と気づいたり、海外に出掛けて「これって当たり前のことなの？」と常識を疑ったりすることが、自己認識の扉を開くことにつながります。

Challenge

周りの期待に合わせて、仕事を選んでいないか自問しよう！

Column

PLAY WORK　ケース①

「この人の働き方はPLAY WORKだな」と僕が思い浮かべるのは、「**うんちマン」として活動する小関昭彦さん**です。

うんちマン……??　この言葉の響きだけで、楽しそうな気配がしませんか?

小関さんは、普段から全身黄色のうんちマンの格好をしていますが、れっきとしたゲーム制作会社の社長さんです。うんちの素晴らしさを伝えるゲームを制作したのをきっかけに、ゲームの広告塔としてうんちマンの活動を始めました。

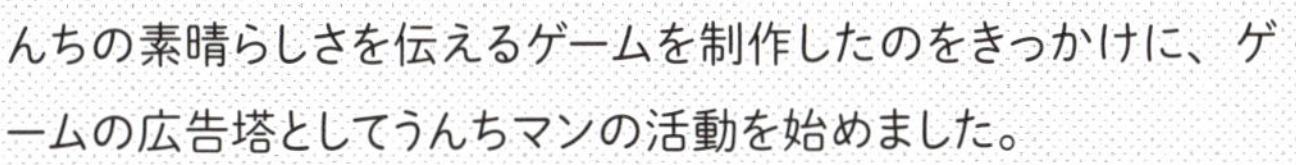

小関さんが世の中に伝えたいのは、「**臭い、汚いと嫌われているうんちを好きになることで、いつの間にか身につけた常識や限界から解放されよう**」というメッセージです。これを「うんちマン」が訴えるから、人々が面白がって耳を傾ける状況が生まれているのではないでしょうか。今では共感の輪が広がって、うんちマンやうんちウーマンがムーブメントになりつつあるようです。

遊ぶように働くと本人が楽しいのはもちろん、楽しさが周りにも伝播し、コラボレーションが生まれやすくなる。これもPLAY WORKの特徴です。

「やりたいこと」「好きなこと」は、「できること」から探さない

学生時代に描いていた青くさい夢を思い出す

やりたいことに夢中になれば、誰だって楽しく仕事をすることができます。でも、その「やりたいこと」が何なのかがわからないから、モヤモヤしている人が多いのでしょう。

「やりたいこと」がわからないという人は、昔、興味があったことや、抱いていた夢を思い出してみてください。

経験を重ねると、「できること」のなかから「やりたいこと」を探しがちです。そこ

「やりたいこと」が見つかる“魔法の質問”

① 子どもの頃は何に興味がありましたか？

② 学生や新入社員の頃、
将来はどんなふうに活躍したいと思っていましたか？

で、世の中のことをまだよく知らない学生時代に、純粋に心に抱いた〝青くさい夢〟に思いを馳せてみるのも悪くないでしょう。

組織の常識や論理に染まる以前、怖いもの知らずで、どんな未来も手に入れられると信じていたあの頃、夢中で追い求めていたものは何ですか？

その記憶のなかに、これから未来に向かって歩みを進めるための自分の原点が見つかるかもしれません。

楽しかった仕事に順番をつける

自己認識に欠かせないのは、過去の経験や感情をふり返り、自分に問いかけながら、頭の中を整理することです。

「自分が本当にやりたいこと」を知るには、今の仕事のなかで「何が楽しくて、何が楽しくないか」を自分に問いかけてみるとよいでしょう。「自分はこれをやっているときが楽しいんだな」と認識できれば、それを手がかりにして、やりたいことが見えてきます。

僕の会社では、こうした日々の「ふり返り」を、普段の業務に遊び感覚で取り入れています。たとえば、週のはじめのチームミーティングでは、本題に入る前にこんな問いかけをして、前の週をふり返ります。

Q1 「この1週間のタスクのなかで、一番楽しかったタスクはどれ？　それはなぜですか？」

Q2 「誰との仕事が、一番テンションが上がった？　それはなぜですか？」

Q１では、「楽しい」「面白い」「テンションが上がる」などの基準で仕事や人に順番をつけ、その理由を考えてみるのです。また、Q２のように一緒に仕事をした人をふり返るのも効果的です。

（Q1のアンサー）「わたしはファシリテーション役を務めたワークショップが楽しかったです。参加者が自由に意見を発言しやすい雰囲気をつくることができて、充実した時間を過ごせたからです」

（Q2のアンサー）「わたしは昨日のクライアントとの打ち合わせでテンションが上がりました。アイデアを自由に出し合うことができて、このクライアントだったらプロジェクトが面白くなりそうな予感がしたからです」


このように言葉にすることで、頭の中が整理されていきます。

タスクAとタスクBではどちらが楽しかったか。CさんとDさんではどちらが一緒に仕事をしてワクワクしたか。日々の業務や出来事を比較して順番をつけることで、「わたしはこれをやっているときが楽しい」「この人との仕事はあまり楽しくない」と意識するようになります。

さらに、「これが楽しかった」だけで終わらずに、**「なぜ楽しかったのか」を突き詰めて考えていくと、「わたしはこういうことが好きだから」「これが得意だから」というふう**

に、「好きなこと」や「得意なこと」が見えてきます。

Challenge

この1週間で楽しかった仕事のランキングをつくろう！

仲間からのツッコミで、自己認識は高まる

「その人らしさ」を仲間同士で伝え合う

楽しかった仕事について自分でふり返るのはもちろんですが、**仲間同士が互いの様子や特徴に気づき、伝え合うことも、自己認識を深めるには大きな助けになります**。

僕たちが大切にしているのは、互いの「好きなこと」や「得意なこと」を見つけて会話する文化です。2人1組でプロジェクトを担当する「**ペア制度**」を採用していることもあり、互いの特徴に気づいていく努力はつねに意識しています。

たとえば、チームメンバーの楽しそうな様子（あるいはその逆）に気づいたときは、

「○○さんはこのプロジェクトに関わっているときが一番楽しそうだね」
「さっきは全然楽しそうじゃなかったんだけど……」

などと言葉をかけ合っています。楽しさの濃淡を伝えられた本人は、「確かにわたし、これを楽しんでる」「やっぱりこれは苦手だな」と再認識することができます。

「ミーティングでのあの発言は、○○さんの洞察力が冴えていたね」

その人らしさや、その人の強みが垣間見えたときも、その都度フィードバックします。指摘された本人は、「そっか、洞察力がわたしの強みってことね」と気づきを新たにし、さらに強みを発揮できるように仕事の仕方を意識するかもしれません。

「またやっちゃったね。瞬発力はあなたの強みだけど、少し考えてから行動したほうがいい場合もあるね」

本人が気づきにくい短所や弱みをあえて伝えることもあります。
ネガティブな指摘をする場合、深刻な表情で伝えると空気が重くなって、互いの関係がギクシャクしがちです。**「またやっちゃったね」のように冗談っぽく軽やかに伝えると、「あ、そうか」と相手も受け入れやすい**ですね。

ランチ中も観察&フィードバック

互いにフィードバックするのは、仕事の場面だけに限りません。ランチを食べているときや、仕事に関係のない事柄についても、気づきのポイントはたくさんあります。

たとえば、ランチでいつもポテトを注文するスタッフに対しては、

「本当にポテトが好きなんだね。今日も多めに頼んでおこうか」

襟なしの服を好んで着ているスタッフに気づいたら、

「いつも襟がないよね。襟なしが好きなの？」

仕事に直接関係のない事柄でも、気づきを伝え合うことには意味があります。気づくためにはよく観察する必要があるので、**ちょっとした変化や心の動きにも意識を向けられるようになる**のです。これは自己認識を深めようとする人には不可欠なスキルです。

また、メンバーの好みや強みをチームで共有しておけば、個人の能力を十分に発揮できる仕事を割り当てたり、その人が仕事しやすい環境を整えたりして、互いの個性を生かし合うことができます。

それだけではありません。「自分のことをちゃんと見てくれている仲間がいる」「フィードバックしてくれる相手がいる」。こう思える環境では、「自分は承認されている」という感覚をもつことができます。この安心感が、より深い自己認識を生むことになるのです。

Challenge

周囲の人からのフィードバックは、どんなことでも前向きに受け入れよう!

「プライベートで好きなこと」が仕事になる

「好きなこと」をPLAY WORKにつなげるには？

Aさん「先週末も山に登ってきたんですよ」
Bさん「へぇ、Aさんは山登りが好きなんですね」

これは、一見すると仕事には関係のない会話です。しかし、**プライベートや趣味に関する事柄も、抽象化してみると、その人に合った働き方が浮き彫りになることがあります。**

たとえば、山登りが好きな人は、どんな性質をもっているか考えてみます。

「山登りが好きなら、一人で黙々と取り組む仕事が苦にならない人なのかもしれないな。

リモートで一人でもできる仕事は、Aさんに任せてみようか」という発想が生まれるかもしれません。

あるいは、趣味で演劇をやっている人がいたら、「人前でパフォーマンスするのが好きなら、セミナー講師のような、人前で話す仕事にも挑戦してみたら？」とアドバイスできます。

プライベートでそれが好きということは、つまり、こういう働き方が好きなんじゃない？——こう考えれば、あらゆる「好きなこと」はPLAY WORKにつながっていきます。

僕の会社でも、こういった会話はよくあります。いつも笑顔がトレードマークの**セラこと、世羅侑未**（せらゆみ）の例を紹介しましょう。

セラは、弊社に〝理念〟と呼ばれるものがなかった頃、誰に頼まれたわけでもなく、自分たちが提供する価値を表現するフレーズを考えて、提案してくれました。それが、プロノイア・グループの「**P・I・O**」（Play work／遊ぶように働く、Implement first／前例をつくる、Offer unexpected／予期せぬことを提供する）です。

「**どうやら、セラは自分たちの存在意義や価値について考えるのが好きみたい**」と周りの

Thinking... Thinking... ....

スタッフが認識するようになり、「**だったら、セラはカルチャー担当をやったらいいいんじゃない？**」という意見が出た。今では、彼女はCCO（Chief Culture Officer）を名乗っています。

以前は存在しなかったポジションですが、彼女が自主的に動き回っているうちに、いつの間にか彼女のために誕生した役職なのです。

僕たちは互いの好みや強みをよく把握しているので、個性を生かした役割分担や仕事の進め方も自然にできています。たとえば、セラとペアを組むスタッフは「セラには主に〝考える〟仕事を任せています。彼女が納得いくまで考えられるよう、スケジュールや環境には気を配っています」と話しています。

Challenge

趣味を因数分解して、能力と関係する仕事に取り組もう！

好みや強みに応じて、仕事を効率的にシェアする

「楽しい仕事」を増やし、「楽しくない仕事」を減らしていく

「何が楽しくて、何が楽しくないか」が把握できたら、「楽しい仕事」を増やし、「楽しくない仕事」を減らしていくのが次のステップです。

楽しかった順に仕事を並べたときに、上位にランクされる仕事をいかに増やしていくかを考えてみます。たとえば、アイデアを自由に出し合うことが楽しいと感じたのなら、ブレストの時間を増やしていくと、仕事はもっと楽しくなりそうです。

そこに、**「他にどんな仕事をすれば同じ楽しさが得られるのか」という視点も取り入れてみてください。**

チーム内で仕事が発生したときに、「**それ、得意だからわたしに任せて！**」と名乗りを上げたり、「**この仕事、○○さんが適任なんじゃない？**」と推薦したりして、それぞれが楽しいと思える仕事を担当するのです。

一方で、自分が楽しめない仕事については、いかに減らしていくかを考えます。一番いいのは、**その仕事が好き、あるいは得意な人に任せる**ことです。

「○○さんは人前で話すのが好きですよね？　今度のプレゼンは○○さんが発表してくれませんか？　わたしは人前で話すのが苦手なんです。その代わり、企画を立てるのが好きだから、そっちで貢献させて！」

こんなふうに役割分担ができたら、苦手意識からくる不安やイライラから解放されて、もっと伸び伸びと気持ちよく仕事ができると思いませんか。

単純に仕事量で分担を決めたり、「A社の仕事は○○さんの担当」と専任制にしたりすると、やりたくない仕事も担当する羽目になって、仕事を楽しむことができません。それに、得意なことも苦手なことも同じように評価されたのでは、たまったものではないですよね。

そうならないよう、僕たちは個人の能力や強みを考慮した「**適材適所**」をとても大切にしています。

ペアで仕事を進める狙いもそこにあります。

「この作業は自分には向いてないな」と思えば、相方に頼むことができます。互いの好みや強みを共有しておくことで、好きな仕事が自分に回ってくるPLAY WORKエコシステムをつくり出しているというわけです。

面白くなかったら、無理してやらなくてもいい

ある人からこんな悩みを聞きました。

「こうすればもっとよくなると思っても、それを言えば、『それなら、あなたがやって』と担当を振られるリスクがすごく高いんです。『言い出しっぺがやる』という暗黙

のルールがあるために、特に自分が不得意な分野では、言い出すのに躊躇（ちゅうちょ）してしまいます」

日本企業ではよくある話かもしれませんね。でも、言い出しっぺがやるべき、なんて誰が決めたのでしょうか。それこそ硬直した考え方であり、思考停止状態に陥っています。

僕の会社では、気づきや疑問があればすぐにチームに投げかけて、話し合う習慣があります。その際、「それ、いいね」「うんうん」「じゃあ、そんな感じで……」となんとなく終わらせることはまずありません。

「実行に移すのか、移さないのか」、移すなら「誰がやるのか」「いつまでにやるのか」まで会話をして、結論を出します。もちろん、担当は誰が適任かを判断して決めます。言い出しっぺにすべて押しつけることはしません。

楽しくない仕事は極力減らし、楽しい仕事にエネルギーを注ぐことは、PLAY WORKの重要なポイントだと僕は考えています。

以前、面白法人カヤックの打ち合わせに参加したとき、社長の柳澤大輔さんがスタッフにかけていた言葉は、まさにPLAY WORKの考え方そのものでした。

「どう？　面白い？　面白くない？」
「面白くないんだったらやらなくていいよ」

スタッフが「面白い」と思えば、夢中になるし、夢中になれば期待以上の価値を生み出すことができる。柳澤社長はこのようにお考えなのでしょう。

僕もまったく同感です。与えられた仕事だから仕方なくやるのではなくて、**仕事が面白いからやる。そうすれば仕事に集中できるし、生産性も高まります**。本人も会社もハッピーになるでしょう。

Challenge

楽しくない仕事の時間を極力減らすように意識しよう！

どんな仕事も好きになる、〝とっておきの方法〟

方法❶ 目の前の仕事を好きになる

そうはいっても、楽しいとは思えない仕事も、やらなければならない場合があります。「この仕事をどう楽しくできるか」と工夫を凝らすことも、PLAY WORKでは大切です。

仕事を楽しくする方法は2つあります。①**「目の前の仕事を好きになる」こと、そして②「仕事のプロセスを楽しむ」ことです。**

まず、①について、どうすれば目の前の仕事を好きになれるのか、僕の体験をお話ししましょう。

僕は今、SNSをフル活用して情報発信していますが、以前はSNSがあまり好きではありませんでした。「みんな、自分のランチの写真をアップして何を求めているの？　自己承認欲求をひたすら満たしているだけじゃないの？」と思っていたからです。

でも、起業してから考えが変わりました。

SNSは有効な対話ツールだと気づいたのです。自分の投稿に対してフィードバックがもらえて、いろんな人の声が聞ける。情報を効果的に発信すれば、自分の影響力や評判を高めていくこともできる。どうすればフォロワーが増やせるかをゲーム感覚で試すこともできます。だから、今はSNSに夢中です（笑）。

仕事がつまらないと感じるのは、さっきも言いましたが、固定観念に囚われていることが原因かもしれません。僕の場合、「SNSは承認欲求を満たすためのツール」という頑固な考えがありました。これを破るには、**目の前の仕事に好奇心を向けて、別の視点から問いを立ててみることが大切です**。

「SNSって、そんなに意味のない仕組みなの？（実は画期的なビジネスツールなのかも）」
「SNSを使って自分は何を得たいんだろう？（新しい出会いやビジネスチャンスになるかも）」

このように、つまらないと感じていた仕事でも、自分の捉え方が変わると、楽しさが見つかることがあります。

目の前のこと、モノに好奇心を向けてみよう

好きになるきっかけは、好奇心です。言い換えれば、好奇心さえあれば、どんなものでも好きになれると僕は思っています。

興味をもつには、「自分の知りたいこと」「チャレンジしたいこと」につなげることがポイントです。

僕の場合はこうです。

訪問先で紅茶をふるまわれたら、カップの模様が気になって、「なんでこういう形だときれいに見えるのかな、どういうバランスなんだろう」とデザインに興味津々。銀行で何枚もの書類を書くときは、「漢字が下手だから、漢字の練習にしよう」とゲーム感覚で漢字に夢中になります。うっかり携帯電話を忘れたとしても、「空き時間にやることがなくなった、つまらない」と手持ちぶさたになることはありません。いつも何かに興味がわいて、面白がっています。

いろんな視点から対象を見てみると、興味をもてるきっかけが何かあるはず。面倒でつまらない状況をどう楽しく変えられるか、そう考えるだけでも楽しい気分になります。

方法❷ 仕事のプロセスを楽しむ

興味のもてない仕事を楽しくするもう一つの方法が、②仕事のプロセスを楽しむことです。僕がよくやるのは、**手を動かすだけの単純作業をやりながら、好きなことを同時並行で進める「楽しみながら作戦」**です。

たとえば、アイロンをかけながら、好きなアニメやお笑い番組を見る。見たかったドキュメンタリー番組を再生しながら、名刺アプリで名刺をパシャパシャ撮る。趣味を兼ねた時間なので、楽しい気分で効率よく仕事ができます。

子どもがいる家庭なら、「仕事しているお父さんの絵を描いて」と子どもにクレヨンと紙を渡せば、子どもと遊びながら仕事をすることもできます。

そもそも、仕事の時間とプライベートの時間を区別する必要はあるのでしょうか。

楽しい時間なら、仕事もプライベートも関係ないと思います。人それぞれに違った楽しみ方を工夫すればいい。仕事がつまらないのなら、楽しめる状況をつくるのはその人の責任だと僕は思います。

Challenge

単純作業も違う視点を取り入れて、無理やり面白くしちゃおう！

自分を知れば、生き方はもっと「シンプル」になる

「なぜ？」の深掘りで生き方の軸がわかる

自分はどのような価値基準で動いているのか、何を大切にしているのか、といった生き方の軸を知ることで、自己認識をさらに深めていくことができます。

くり返しになりますが、自己認識に必要なのは、ふり返りと、自分への問いかけです。普段から自分の行動や感情をふり返り、整理する習慣をつければ、「自分が大切にしたいのはこれです」と言語化できるようになります。

上司や同僚、あるいは日頃懇意にしている友人に質問してもらい、自己認識を深めるの

もいいでしょう。

たとえば、次のような質問です。

- **あなたは仕事を通じて何を得たいですか？**
- **人生で大切にしていることは何ですか？**
- **これまでで、一番やりがいを感じた仕事は何ですか？**
- **人生で一番感謝していることは何ですか？**
- **今の自分をつくった、ターニングポイントとなる出来事は何ですか？**

その際、**ポジティブな質問をぜひ意識してみてください**。

自己認識に大切なふり返りだけでなく、家族や同僚との普段の会話も、ポジティブな質問をすることで望ましい方向へ導くことができます。

皆さんはどうでしょうか。つい、ネガティブな会話になっていませんか。

Aさん「お仕事、大変そうですね。最近は何が一番大変ですか？」

Bさん「急な呼び出しが多くて、自分の時間が全然取れないことです」

ありがちな会話ですね。「大変なこと」を話し始めると、話はどんどんネガティブな方向に進んでいきます。話しているうちに、「わたしの仕事って、やっぱり大変なんだなぁ」と再認識してしまい、仕事が嫌いになったり、気持ちが落ち込んだりします。

ポジティブな質問を投げかければ、前向きなエネルギーで考えることができます。また、「なぜ?」と深掘りしていく質問は大いに活用するといいですね。「なぜ?」「なぜ?」と問いかけをくり返し、自ら考え抜いた先に、行動規範となる価値観や、生き方の軸となる考え方が見えてきます。

参考例として、本書の編集担当のゲン(大隅元)さんとの実際のやりとりをご紹介します。

ピョートル「これまで担当した本のなかで、一番やりがいを感じた本はどれですか?」

ゲンさん「炭水化物を摂って代謝を上げる食事法を紹介した本です。最近は糖質制限を勧める本が流行(はや)りですが、僕は糖質制限には反対で、ご飯が食べたい派なんです。大好きなお米を肯定する本を楽しんでつくることができました」

ピョートル「その本をつくるのが、なぜ楽しかったのですか？」

ゲンさん「制作にあたり、著者だけでなく、大学教授や研究室の学生の皆さんと、議論を重ねました。チームでつくり上げた感覚が僕には新鮮で、楽しかったのかな」

ピョートル「なるほど。その仕事を通じて、何を得たかったのですか？」

ゲンさん「売れればいいということではなく、本を読んで、食事法を実践した読者が、『この本に出合えてよかった、本を出してくれてありがとう』と喜んでくれたらうれしいですね」

仕事のやりがいについて2〜3分話すだけで、編集者ゲンさんの目がキラキラしてきました。自分の仕事が誇らしく思えてきて、気持ちよくなるんですね。

日本人はポジティブな会話表現に慣れていないかもしれませんが、僕と会話した人のなかには、「自分が何のためにこの仕事をしているか、考えるきっかけになった。誰かが聞いてくれるだけでこんなに内省化できるんだ」と話す人が結構います。

いつも同じ服を着る理由

自分の価値観や信念が明らかになっていくと、それに沿って行動すればいいので、人生はすごく「シンプル」になっていきます。

「この場合はどうしたらいいのだろう」と悩んだり迷ったりすることが減り、他人の目に自分がどう映るかも気にならなくなって、周りの雑音に惑わされることもなくなります。

一例を挙げると、僕はもう何年も仕事でスーツを着ていません。ユニクロで買った黒シャツとジーンズが、僕の定番のビジネススタイルです。

その理由は、スーツを着ていようと、黒シャツにジーンズ姿であろうと、仕事の結果には全然関係ない――。これが僕の価値観だからです。グーグル共同創業者のラリー・ペイジもこう言っています。

"You can be serious even without a suit on.（スーツを着なくても重要な仕事はできる）"

いったん自分のスタイルが決まると、それをくり返すだけなので、ものすごくラクです。

買い物はいつもこの店と決まっていて、お目当ての服が置いてある場所もわかっています。店に入って、商品を手に取り、会計を済ませて店を出るまで、完全な自動操縦です（笑）。

朝も何を着ようか迷わないので、時間にムダがありません。

意図したわけではありませんが、今では「ピョートルといえば、黒シャツにジーンズ」と認識されるようになりました。このスタイルは僕のセルフブランディングにつながりました。

「仕事でスーツを着ないのは失礼じゃない？」と眉をひそめる人もいないわけではありません。でも、そういう人とは仕事をしなくてもいいと思っています。

それよりも、僕のリソースや提供する価値をちゃんと見極めてくれる人と仕事がしたい。今では僕の服装をあれこれ言う人はほとんどいません。逆にスーツ姿になると、「その格好、ヘンだよ」と言われるようになりました。

自分という存在を差別化するには、何を着るかではなく、自分がどうありたいかが大切です。

何に、誰に時間とエネルギーを使うか

何を着るかだけでなく、誰と会うかも、僕のなかでは決まっています。

「この人から学びたい」とか「この人をサポートしたい」と思える人や、一緒にいるとテンションの上がる人と会うようにしています。

新しい人に会う場合も、会いたい理由があるから会う。「週末、時間があるけど誰か空いてないかな、どこに行こうかな」と無目的に行動することはありません。ブラインドデ

ート的な出会いは、僕には時間のムダです。

限られた時間のなかで、何に対して、誰に対して、どうエネルギーを使っていくのかによって、人生の充実度が決まります。

時間とエネルギーの使い方の基準になるのは、「自分は何のためにそこにいるのか」「何をやりたいのか」といった自己認識です。

僕は、楽しいと感じることに時間とエネルギーを投入したいし、楽しくないことには、極力、時間とエネルギーを割きたくありません。また、自分にとって大切なことや、「こうなりたい」という夢に対しては、時間もエネルギーも惜しまないつもりです。

時間とエネルギーの使い方は、人それぞれ違います。楽しく充実した人生を送るには、「自分は何者か」を知ること、すなわち自己認識から始まるのです。

Challenge

自分が大事にしている信念は何かをセルフ（あるいは対面）インタビューしよう！

「What」や「How」を求めている限り、幸せにはなれない

自分らしくいる状態こそが「幸せ」

自己認識について語ってきたStep1は、これで終わりです。ここまで読み進めてきて、「あなたは何者ですか?」という質問への答えは見つかりましたか?

自分のことはまだよくわからない――、それでも焦る必要はありません。僕の会社のスタッフも、「これがやりたい」「こんな未来を手に入れたい」と最初から明確に自己認識ができていたわけではありません。「何が楽しかった?」「何を大切にしている?」と互いに会話をしながら、自分の好みや強みを少しずつ把握していったのです。

大切なのは、日々の仕事や生活のなかで自己認識を促す工夫を凝らし、習慣化させること。自分に問いかけ続けた先に、前よりも自分のことを理解し、生き生きと働くあなた自身に出会うことができるはずです。

「もっとあなたらしくていいのよ、と伝えたい」

以前の自分に伝えたいことは何かと問われ、プロノイアのメンバーが語った言葉です。自分らしくいられるかどうかは、その人の幸福感にも関係すると思います。精神科医のカール・ユングは、**「不幸の最大の理由は、幸福の追求である」**という言葉を遺しました。幸せを探し求めることが、皮肉にも、最も不幸なことだというわけです。

「幸せ」とは何なのか。軽井沢に別荘をもつことが幸せなのか。ブランドの服を着ることが幸せなのか。きれいな女性と付き合ったり、イケメンな彼氏が隣にいたりすれば幸せ？

ここで例に出したのは、幸せになるための「Ｗｈａｔ（何を）」や「Ｈｏｗ（どうやって／手段）」であり、「幸せ」そのものではないと僕は思います。

ですが、日本人は、「Ｗｈａｔ」や「Ｈｏｗ」を追い求める人が多い印象を受けます。

「What」や「How」を求めている限り、幸せにはなれない。カール・ユングの言葉が意味するのも、こういうことなのではないかと思います。**「幸せ」とは、「Why（なぜ／目的）」に向かって自分の内から湧き出るものです。**つまり、「自分は何のために生きているのか」という自己認識の上に成り立つもの、自分らしく人生を楽しんでいる状態が「幸せ」だと思います。

自分らしくいるために、自分が心地よいと思える環境を、周囲を巻き込みながらつくっていくのが次の段階です。Ｓｔｅｐ２では、そのために必要な「自己開示」について見ていきます。

Challenge

「何をどうやってやるか」よりも、「なぜやるか」に目を向けよう！

Let's PLAY WORK !

【遊び方】
実はPLAY WORKはいくつかのタイプに分けられます。あなたに合ったPLAY WORKは？　下の質問チャートに直感/感覚で回答しましょう。（制限時間：3分）
よく使う言葉を5、全然使わないものを1として点数をつけてください。

	全然使わない 1⟷5 よく使う！	
「人に合わせる必要ないんじゃない？」	☆☆☆☆☆	E
「ルールだからね…」	☆☆☆☆☆	B
「手段は選ばなくてもいい！」	☆☆☆☆☆	A
「競合に勝つには…」	☆☆☆☆☆	D
「かけ合わせたらどんな価値が生まれるかな…？」	☆☆☆☆☆	F
「ユーモアなしに真面目な話はできない」	☆☆☆☆☆	G
「嫌われたくないなぁ…」	☆☆☆☆☆	B
「数字が見たいな…」	☆☆☆☆☆	C
「他の可能性ってないかな…？」	☆☆☆☆☆	E
「とりあえず謝っておこう」	☆☆☆☆☆	B
「自分はちゃんとやってるんだけどな…」	☆☆☆☆☆	C
「これに対してどう感じる？」	☆☆☆☆☆	F
「データは？」	☆☆☆☆☆	C
「これって、歴史を変えるインパクト？」	☆☆☆☆☆	G
「もっとこうしたらうまくできない？」	☆☆☆☆☆	D
「期待に応えなきゃ」	☆☆☆☆☆	B
「社会や世の中の人にとってどうだろう…？」	☆☆☆☆☆	F
「しのごの言わない！」	☆☆☆☆☆	A
「みんなでやるぞー」	☆☆☆☆☆	D
「オレ（わたし）たちにとってOKだからいいじゃん！」	☆☆☆☆☆	A
「今の世界に本当に必要なものって何かな…」	☆☆☆☆☆	G

「違いこそが面白いよね」	☆☆☆☆☆	E
「あのやり方は間違ってる」	☆☆☆☆☆	C
「やったもん勝ちだよね！」	☆☆☆☆☆	A
「なんかいいアイデアない？」	☆☆☆☆☆	D
「それは効率が悪いんじゃない？」	☆☆☆☆☆	C
「本当に？」	☆☆☆☆☆	E
「自分は実践できてるかな…？」	☆☆☆☆☆	F
「相反することを言うけれど…」	☆☆☆☆☆	G
「そもそもそれって…」	☆☆☆☆☆	E
「利益になればいいから！」	☆☆☆☆☆	A
「ゴールから逆算すると…」	☆☆☆☆☆	D
「今最もタイムリーな行動って何かな…」	☆☆☆☆☆	G
「部長が言ってたからさ！」	☆☆☆☆☆	B
「このプロジェクトを通じて何を知りたいんだろう？」	☆☆☆☆☆	F

回答が完了したら、項目右側のアルファベット別（A ～ G）の合計点数を計算します。一番点数の多いアルファベットがあなたのPLAY WORKスタイルです。同数の場合には、競合しているアルファベットの項目を読み、業務時間中に多く当てはまるほうを選んでください。

A ___ 点
B ___ 点
C ___ 点
D ___ 点
E ___ 点
F ___ 点
G ___ 点
あなたの
PLAYWORK
スタイルは…？

Let's PLAY WORK！

診断結果

チャンスゲッター／狩人さん

・先のことを考えるより、すぐに行動する瞬発的な仕事が好き
・自分がこれをすると決めたら人の言うことは聞かない傾向にある
・自分が得たいと思ったものは手段を問わず何が何でも得る
【資金調達や、人材獲得、案件獲得など自社に最良のリソースを取ってくるような役割が得意。そのスピード感や行動力、成果を評価してもらえる】といった仕事の仕方に楽しさを見出す

コーポレーター／平和さん

・どのような場でも、その場や集団の規則は必ず守る
・自己主張よりも周囲に協調することを大切にする
・相手の年齢、地位などによって接しやすさが大きく変わる
【それぞれの立場や思いをよく聞き、共感・協調し、チームの和を保つ役割。会社（上司や同僚）から、タスクごとの自分への期待、やり方、守るべきルールを明確に伝えてもらい、その基準を満たすことで評価される】といった仕事の仕方に楽しさを見出す

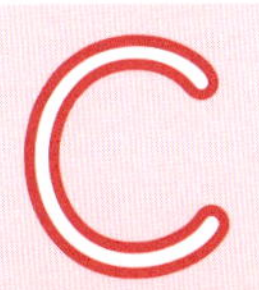

ロジカルシンカー／研究さん

・客観的なデータや理論を好んで用いる
・完璧主義な一面があり、一度こだわると最後までやり抜こうとする
・メリット/デメリット換算をベースに決断をする
【仕事の効率性を高めるアイデアをまず自分が実践し、チームにシェアするような役割。最初から最後まで任せてもらえるようなプロジェクトを担当し、尊敬できるエキスパートから学びながら仕事をする】といった仕事の仕方に楽しさを見出す

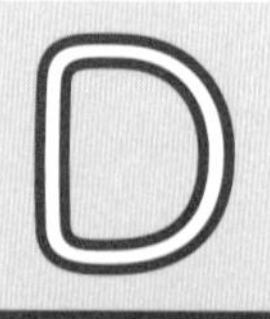

アチーバー／達成さん

・進んでリーダーシップを発揮し、決めたゴールは必ず達成する
・最速でPDCAを回せるよう、チームメンバーの意見を聞く
・たくさんのことを一度に抱え、時間に追われることが多い
【チームの目標達成を導くリーダーとしての役割。達成までの明確な目標と、チームメンバー、権限が与えられる。メンバーと一緒に(集まって)仕事をし、いいライバル/ベンチマークを見つけ切磋琢磨する】といった仕事の仕方に楽しさを見出す

クエッショナー／問答さん

・役職や年齢に囚われず個々の違いが平等に生かされるにはどうしたら良いかつねに考えている
・物事の本質を問い続けるがゆえに、意思決定や行動が遅くなることがある
・自分や他人の独自性を大切にするがゆえに、一匹狼になりがちなときがある
【経営やプロジェクトを問い直し、新しい考え方を取り込む役割。働く場所や時間の束縛がなく、個人の時間をたっぷり確保できる。コーチ的な存在をつけ、インスピレーションを得られるような機会やアートに触れる】といった仕事の仕方に楽しさを見出す

トランスフォーマー／変革さん

・自分の行動の意図や戦略を丁寧に共有しようとして話が長くなりがちである
・失敗を恐れず実験を重ね、本当につくるべき価値が何であるか実践を通じて探る
・過去ー現在ー未来、自社ー顧客ー社会の視点を総合的に思考しようとする
【新規事業など未知の領域や、複雑な課題を抱えたチームや環境に置かれることで自発的に役割を見つけ力を発揮する。働く場所や時間に自由はあるが、チームメンバーとの丁寧なコミュニケーション機会がある】といった仕事の仕方に楽しさを見出す

アルケミスト／宇宙さん

・明と暗、秩序と混乱など矛盾した2つ以上のものを同時に大切にする
・チームや相手、自分自身のパラダイムを変えるために挑発をする
・今この瞬間を歴史的な時間軸のなかで捉える
【役割や評価基準がない自由な場所を選ぶ。世界を変えるような未来創造ができる仲間や機会を見つけ、自分の価値観を否定するような出会いから新しい価値を生み出し続ける】といった仕事の仕方に楽しさを見出す

Step

2

自己開示

Self-disclosure

How honest are you?

本音を話していますか?

Express
自分のことを、周りに伝える
yourself.

手に入れたい未来は、
自分一人で奮闘するより、
周りを巻き込み、サポートを得ることで、
より実現に近づいていきます。
そのために不可欠なのが「自己開示」。
自分を開き、周りと建設的な関わりを増やすことで、
楽しく働ける環境も同時につくっていきます。

被害者意識を捨てて、当事者意識をもつ

ある女性事務員の悩み

自分がやりたいことや、手に入れたい未来が見えてきたら、それを自分の胸にしまっておかずに、「わたしはこれがやりたい」「これが欲しい」と周りの人に伝えていくことが大切です。**自己開示によって周りからの応援やサポートを受けやすくなり、自分が望む働き方や未来を実現できる可能性が高まるからです。**

ところが、日本人はこの自己開示が苦手です。相手からどう思われるかを気にするあまり、自分のことをアピールすることを避ける傾向にあります。

自己開示が不足しているため、「本人はどうしたいのか」が会社や上司に伝わらず、手に入れたい未来を実現できていない人が多いように思います。

事務員Aさんも、そんな悩みをもつ一人です。

「事務員のわたしには、誰でもできるルーティン作業や雑用しかさせてもらえません。本当はもっと責任のある仕事がしたいのですが、会社や上司から求められていないのだと思います。上司のわたしを見る目が変わって、責任ある仕事を任されるようになるには、どうすればいいのでしょうか」

もっと責任ある仕事がしたい、という相談ですね。

答えは簡単です。**「こういう仕事をやってみたいんです」「もっと売上に貢献できる仕事がしたいんです」**と上司に言えばいいんです。

「言わない」ということは、上司からすると、「思っていない」ことと一緒です。

Aさんが積極的に自己開示しない限り、上司は「Aさんは今のままで満足している」と思うに違いありません。

それに、「自分が思うように活躍できていないのは、上司に求められていないから」と思っているのなら、まずは、その**「被害者意識」**を捨てましょう。「会社や上司から求められていない」と感じるのは、Aさんの単なる思い込みかもしれないのです。

「誰々が○○してくれない」が口癖の人は、被害者意識に染まっていることに気づくべきです。

PLAY WORKに必要なのは、何よりもまず、**「当事者意識」**です。

自分が主体となって取り組み、夢中になることで、楽しさが生まれます。仕事でもっと価値を生み出したいのなら、「そのためにどうする？」「誰に働きかければ状況を変えられる？」と、当事者意識をもって自分に問いかけながら、考え、行動していくことが大切です。

Aさんの場合も、日頃から仕事の希望やキャリアを上司や人事に伝えておけば、どこかの部署で人が必要になったときに、「そういえば事務職のAさんがこの仕事に興味をもっていたよ。彼女にやってもらったらどうかな？」と声がかかることはよくあります。

理想のデートか、それとも拷問か

自己開示はなぜ必要なのか、改めて考えてみます。

「自分はこんな人間で、こういう価値観をもっていて、こう行動するんですよ」

このように自己開示しておけば、周りの人たちも、その人に何を期待すればいいのかがわかります。しかも、周りの人たちがその人の好みや要望に勝手に合わせてくれるようになります。つまり、**周囲の期待とすり合わせるために自己開示をするのです。**

これは、何も特別なことではありません。あなたも普段の生活ではごく自然に行っているのではないでしょうか。

たとえば、恋人とのデートプランを考えるのに、「どうすれば恋人を喜ばせることができるかな」と考えを巡らすような場合。恋人が事前に「わたしはこんな時間を過ごすのが好き」「食べ物はこれが好き」などと話してくれていれば、恋人が喜ぶデートプランをつくりやすいですね。

反対に、恋人の好みや行きたい場所がわからないままでは、デートプランづくりは難航します。自分がよかれと思って選んだレストランで、恋人の苦手料理が出てきたら最悪です。相手にとっては拷問の時間になるでしょう。

特に、食の好みは人それぞれです。ホストのおもてなしを無下にしないためにも、食に関する自己開示はぜひやったほうがいいです。僕も食事会のお誘いを受ける際は、アシスタントが僕の好き嫌いをホスト側に伝えてくれています。

こうした**日常レベルのちょっとしたことも、自己開示しておけば摩擦や衝突を避けることができ、良好な人間関係を築きやすくなります。**

Challenge

日頃から自分はどういう人間か、何が好きなのかを周囲に伝えよう!

「なりたい自分」にパラダイムシフトするために、自分をさらけ出す

適材適所につながる自己開示

ビジネスシーンでの自己開示がなぜ重要かというと、「適材適所」が一番の理由です。自分のやりたいことを周囲に話していれば、「彼（彼女）をこの部署に配置すれば、モチベーション高く働いてくれそうだな」と周囲が判断しやすくなります。反対に、自己開示がなければ、適切な配置が難しくなります。

たとえば、営業成績の優秀なBさんのケース。会社としては、Bさんにずっと営業部門で活躍してもらって、売上に貢献してもらいたいと考えるかもしれません。でも、本来、BさんがBさんらしく働ける場所は、営業だけに限らないかもしれないのです。

それを見極めるには、Ｓｔｅｐ１で見てきたように、まずはＢさんが自己認識を深めていく必要があります。たとえば、上司や同僚、メンバーと会話しながら、「やりたいこと」を見出していきます。

上司「Ｂさんは営業が得意ですね。営業が好きなんですか？」
Ｂさん「営業が好きというよりは、人が好きなんです」
上司「Ｂさんのコミュニケーションスキルの高さは、昔からなんですか？」
Ｂさん「そうですね……、やっぱり人と接するのが楽しいから、自然とコミュニケーションスキルが身についたんだと思います。それが営業に生かされているのかも」
上司「Ｂさんが本当にやりたいことって、何なのかな。営業の仕事では、どんなときにやりがいを感じていますか？」
Ｂさん「お客さんの成長に伴走できたときですね。人が成長していく姿を見るのが好きです」
上司「もしかしてＢさんは、人の育成に携わることがやりたいのではありませんか？」
Ｂさん「はい、人材育成には以前から興味がありました。やりたいですね！」

この例からわかるのは、人にはいろんな可能性があるということです。「営業パーソンに人材育成はできない」と考える傾向があるとしたら、それは固定観念です。人が好きで、人に興味がある人なら、営業に限らず人材育成でも活躍できる未来があるかもしれません。

その可能性を見出すのは、どれだけ深く自己認識ができるかにかかっています。「本当は何がやりたいの?」「仕事を通じて何を得たいの?」と自己認識を深める質問には、正解はありません。そして、自分なりの答えを見つけたら、ぜひそれを周囲に自己開示していってください。あなたにとっても、会社にとっても、すごく面白い展開になりますよ。

Bさんのケースでいえば、人事担当者を採用するのに人事の専門家である必要はなく、人に興味がある人に人事を担当してもらえばいい。これは会社にとっては大きな気づきです。

また83ページの質問を通じて、Bさんの好きなことを引き出すことにも成功しました。

Bさんにとっても、人事職を志望するには人事の専門知識やスキルを学ばなければならない、などと難しく考える必要はなく、「まずはやってみよう！」とチャレンジする意欲が芽生えます。

本来もっている性質や強みを生かせばいいことに気づけば、成長やキャリアアップを加速させる大胆なパラダイムシフトを起こすことができます。

興味ある本をデスクに置いておくのも自己開示

では具体的に、どうやって自己開示するのか。
これも難しく考える必要はありません。
まずは、**上司に率直に話してみる**とよいでしょう。

「わたしはこういう仕事がしたいんです」
「キャリアについて相談したいことがあるので、お昼をご一緒してもいいですか」

「いろんな仕事を経験したいので、そのことを人事に話していいですか」

これに対して「ダメです」と否定されることは、ほとんどないと思います。

改まった場を設けなくても、日本には**「飲みニケーション」**という素晴らしい文化があります。飲み会の場なら、自分が興味のあることや、将来の希望などについて、腹を割って話しやすいのではないでしょうか。

関心のある部署の人たちと親しくなるのも一つの方法です。

たとえば、マーケティングに興味があるなら、マーケティングチームのところに行って、「マーケティングのことを教えてもらえませんか？」と声をかけてみる。そこで知り合いができれば、「今、こういう仕事があるんだけど、担当業務に支障がない範囲で一緒にやってみない？」とチャンスが舞い込んでくるかもしれません。

言葉がいらない自己開示もあります。

マーケティングの本を自分のデスクに置いておくだけで、「わたしはマーケティングに興味がある」と周りに伝わります。あるいは、梅干しが好きなら、いつも梅干しを食べているだけでいい。わざわざ公言しなくても、「この人は梅干しが好きなんだな」と誰もが思うはずです。

Challenge

本当に自分が好きなことをどんどん披露しよう！

チームメンバーのことを知れば、自分が働きやすくなる

互いのことがよくわかる「ライフジャーニー」

あなたは、隣で仕事をしている人が、どこの出身で、どんな学生時代を送り、なぜその仕事を選んだのか知っていますか？

同じチームで働く仲間のことも、断片的にしか知らない人が多いのではないでしょうか。

僕たちが推奨している自己開示のメソッドに、「ライフジャーニー」があります。どんな人生を歩んできたのかを教え合い、互いを理解し合うためのものです。これをやれば、

メンバー同士の相互理解が進み、PLAY WORKがしやすくなります。

やり方は簡単です。大きめの紙を用意し、自分が歩んできた人生を具体的に書いて、メンバー同士でシェアします。

書き方は自由ですが、人生の転機や印象に残っている出来事を絵で表現するのがポイントです。たとえば、「生まれたのは山奥の村。当時は犬の数のほうが人の数よりも多かった」という幼年期の状況を表現するのに、犬の絵を描くなどします。

書き終わったら、5分程度でみんなに説明します。

伝えるポイントは3つです。

それぞれの転機で、

①どんな行動をしたのか

②その意図は何か

③どんな感情を味わったのか

そして、発表を聞いて気づきや感じたことをディスカッションします。

これをやると、まず、互いのことがよくわかるようになります。

その人の行動パターンや価値観は、人生の転機で起きた出来事に大きく影響を受けています。ライフジャーニーを共有することで、その人がなぜそのような行動をするのか、なぜそう考えるのかを知ることができるのです。

「○○さんがアート好きなのは、子ども時代の環境が影響しているんだな」「上司がチームに強いこだわりを示すのは、大学でのクラブ活動の経験があったからなんだな」といった、人生のヒストリーを知れば、互いの違いを受け入れられるようになり、相手への思いやりも生まれます。

どうすれば相手をうまくサポートできるのか、相手の強みを生かすには何が必要かを考えるようになるでしょう。

結果的に、**自分が苦手な仕事を得意な相手に任せやすくなり、自分自身が働きやすくなります**。

ライフジャーニーの進め方

① 各自、大きめの紙に自分のライフストーリーを描く（イラストを多めに）

② 5分程度紹介する

③ 他の参加者と質疑応答を行う

（次の発表者は②、③をくり返す）

もちろん、ライフジャーニーは自己認識を助けるツールとしても大活躍します。

これまでの人生をふり返りながら、「あの頃はこんなことを考えていたっけ」と忘れかけていた記憶を呼び覚ましてくれます。**今の自分を形づくった原点や原風景を再確認することは、これから先、自分らしく生きていくための道しるべになるはずです。**

Challenge

自分のチームでライフジャーニーを実施しよう!

フィードバックによる気づきが、人を成長させる

自己開示をすると、自己認識も進んでいく

僕が雑誌の取材を受けたり、本を執筆したりすることも、自分の考えを多くの人に知ってもらうための自己開示の一環です。

これらの活動は、実は僕のお楽しみでもあるのです。なぜなら、自己開示をするには、自己開示する内容（自分が何を考えていて、どうしたいのかなど）を整理しておく必要があります。**自己開示を試みること自体、自己認識を深め、さらに質の高い自己開示につながっていくという好循環を生むのです。**

自己開示をすると自己認識が進んでいくもう一つの理由は、**自己開示によって効果的なフィードバックを得られる**からです。

「わたしはこう思う」「これがやりたい」と自己開示すれば、「あなたに向いていると思う」「他にもこういう考え方もあるよ」などと何らかの感想やコメントが返ってきます。それによって自分の強みを再確認したり、新たな気づきを得たりすることもあれば、自分ではうまく言語化できていなかったことまで言い当てられることもあります。

自己認識を深めるには、内省だけでなく、同時に「他者からのフィードバック」も大事だということです。言い換えれば、自己開示をしなければ本当の自分には出会えないし、自分を成長させることもできないのです。

人生を変えるポジティブなフィードバック

実をいうと、僕は昔、自己開示がうまくできませんでした。自分の生い立ちにコンプレックスがあったからです（今の僕からは想像できないかもしれませんね）。

僕が生まれたのは、当時社会主義国だったポーランドです。故郷の村での暮らしは貧しいものでした。僕は必死に働いて、学費を稼ぎながら大学を出て、海外の大学にも通いました。その努力が実り、世界のエリートが集まる職場で働くチャンスを手に入れました。

ところが、グーグルでも、その前に働いていたモルガン・スタンレーでも、同僚はエリート大学出身のお金持ちばかりです。いずれ家業を継ぐとか、家族にお金を出してもらって起業することが当たり前の人たちです。

片や僕のほうは、家族は貧しく、失業した兄はアルコール依存症になって命を落としました。そんな話をしても、別世界の出来事のようにみなされ、まったく理解してもらえません。

伝わらないから、あきらめました。自分の生まれ育った環境について、嘘はつかないにしても、話をしなくなったのです。こうして、コンプレックスを抱えたまま、僕は自分を閉じました。

でも、そんな状態がしばらく続いたあとで、気づいたんです。**自分を閉じたままでは成長できない。本当の自分を見せなければ変われないんだ**、と。

自分のことを素直に話せるようになって、僕の人生は変わりました。

僕の風変わりなバックグラウンドを理解できない人も当然いると思いますが、一方で、共感してくれる人もいます。講演会やセミナーで話すと、面白がって聞いてくれたり、**「頑張ってきたんだね。何か手伝えることがあれば言って」**と親切にしてくれたりする人が多いです。

また、あるときは、会社のスタッフに「**ピョートルって、ここが違うんだよね**」と言われました。「なんでそれが違うと思うの?」と聞くと、「あなたのバックグラウンドが関係してるんじゃない?」とコメントしてくれました。

確かにそうだな、と思います。僕は人とは違う過去を歩んできたけれど、それがあるから、今の自分がある。以前の僕は、自分の生い立ちを嫌って遠ざけていたけれど、今の僕は、過去を事実として認め、それを土台に未来をつくっていけると信じている。

そんなふうにマインドセットが変わったのは、自己開示に対するポジティブなフィードバックを受け取ったからです。**ポジティブなフィードバックをもらうと、「自分は認められている」「自分はここにいていいんだ」と安心感を覚えます**。

今では僕のコンプレックスも消えてなくなりました。

Challenge

自分の過去の生い立ちについてコンプレックスだと思い込んでいることも、勇気を出して自己開示しよう！

聞き方次第で、フィードバックの結果がまったく異なる

勇気を出して自己開示に踏み出そう

この章のはじめに「日本人は自己開示が苦手」と書きましたが、それは「日本人の自己認識が乏しいから」ということができるでしょう。

自分のことがよくわからないから、自信がもてずに自己開示ができない。あるいは、自信がないから、人の目が気になって、「こんなことを言ったら笑われるんじゃないか」などと周りからの反応を恐れているのかもしれません。

もう一度言います。

自己開示をすると、自己認識が進みます。また、僕の経験からもわかるように、自己開示に対してネガティブな反応ばかりではありません。あなたの考えに共感し、今のあなたを認めてくれる人が必ずいます。

ですから、自分のことをうまく説明できずに尻込みしている人も、思い切って自己開示に踏み出してみる価値はあると思うのです。

とはいえ、ネガティブなフィードバックを受けると凹む気持ちも理解できます。そこで、ポジティブなフィードバックを得るための、ちょっとしたコツを伝授しましょう。

ポジティブな聞き方をすればいいのです。

よい面に光を当てて、成長や未来につながる情報を聞き出すのがポイントです。反対に、ネガティブな聞き方をすれば、あまり聞きたくない、耳の痛いコメントが返ってくることになります。

▼ポジティブな聞き方

「こうしたいと思っているのですが、もっとよくするにはどうしたらいいいと思いますか？」

「この件、○○さんならどう対応しますか？　教えていただきたいです」

「わたしの強みは何だと思われますか？」

▼ネガティブな聞き方

「こうしたいと思っているのですが、問題点があれば指摘してもらえませんか？」

「わたしの対応の、どこがマズかったのでしょうか？」

「わたしの直すべきところを教えてください」

誰のフィードバックを大切にすべきか

フィードバックに関して、一つ強調しておきたいのは、**すべてのフィードバックを受け入れる必要はない**ということです。

真摯に受け止めるべきは、あなたのことをよく理解している人であり、あなたが信頼し、尊敬している人からのフィードバックです。そこにはあなたの成長につながるアドバイスが含まれているはずです。

一方で、それ以外のフィードバックは気にしなくていい。

SNSの世界では、自分の投稿に対する批判的なコメントに傷つく人たちがいます。特に若い人たちに多いのではないでしょうか。

考えてみてほしいのは、その批判的なコメントをしている人は誰かということです。あなたのことをよく知らない人たちが、勝手なことをつぶやいているだけではないですか？

批判的なコメントをすべて真に受けていたら、人生は厄介なことになります。

誰のフィードバックを大切にするのか――。これも価値観や生き方の軸に関わる自己認識の問題です。自己認識が進んで価値観や軸が定まれば、誰のフィードバックを大切にすべきか、おのずと明らかになります。人の目もそれほど気にならなくなるはずです。

Challenge

ポジティブな聞き方をして、ポジティブなフィードバックだけ受け入れよう！

承認欲求の高い若者が辞めていく原因は、職場環境にある

自己開示しにくい日本の職場

自己開示が苦手な日本人が多いのは、自己開示しにくい職場環境にも問題があると僕は思っています。

僕は以前、ある飲み会の席で、日本の大手企業の管理職の方が「自分の上司には絶対に本音を言わない」と話すのを聞いて、とても驚いたことがあります。

でも、これは日本の職場では珍しいことではないようです。

最近、僕のフェイスブック上で、職場環境に関するアンケート調査を行ったところ、こ

の方の意見を裏づける結果が出ました。

なんと、**3人に1人が「上司には絶対に本音を言わない」**、**2人に1人が「上司と飲みに行きたくない」と答えた**のです。また、「上司との打ち合わせは必ず録音する」「挨拶をしない」も一定数いました。上司を信頼していないどころか、上司を敵とみなしている人や、上司との関係構築を拒絶している人が非常に多いことがわかります。

上司には絶対に本音を言わない――。彼らをそうさせているのは、**承認を許さない職場**に問題があると思います。

承認とは、相手の存在を認めること。「あなたのことを理解しているよ」「あなたはここにいていいんだよ」と意思表示をすることです。

ポジティブなフィードバックこそが、普段から手軽にできる承認の行為です。**「あなたの意見はいいね」「あなたの強みはこれだね」**のように前向きに評価する言葉をかけられると、人は承認されたと感じるのです。

一方、ネガティブなフィードバックが多い職場では、人は本能的に「自分は受け入れられていない」と感じます。

たとえばこんな職場です。

若手社員が意見を言っても、「それは違うよ」と却下されたり、夢を語れば、「うちでは無理だね。そんなことより頼んだ仕事をやってよ」と軽くあしらわれたりします。

「心理的安全性」の高い職場とは

言葉によるネガティブなフィードバックはなくても、承認する行為が暗黙のルールで禁止されている職場もあります。たとえば、元気な声で挨拶をするのは禁止だし、「おつかれさま」「ありがとうございます」といった労(ねぎら)いや感謝の言葉をかけ合うのも禁止。

嘘だと思うなら、試しに「課長、おはようございます！」と元気に挨拶をしてみてください。周りから「うるさいな」という顔で一瞥(いちべつ)されたら、その態度によってネガティブフィードバックが行われているのです。

自分が承認されないのは、悔しいことです。「自分はここにいていいのだろうか」と不安で懐疑的な気持ちにもなります。そんな職場で働く人たちが、次第に心を閉ざすようになり、本音を言わなくなるのも当然のことだと思います。**特に、承認欲求の強い若い人た**

ちほど、そうした環境に違和感を覚えて、会社を辞めていってしまうのです。

自己開示しやすい環境とは、これまで述べてきた環境とは正反対のものです。承認されている感覚があり、メンバーは安心して何でも言い合うことができる。この感覚を僕たちは「**心理的安全性**」と呼んでいます。

心理的安全性の高い職場では、誰もが自分らしく働くことができます。つまり、自己認識→自己開示→自己表現→自己実現のプロセスの土台になるのが、心理的安全性の高い環境なのです。

次からは、職場の心理的安全性を高めるために僕たちが実践していることを紹介します。個人やチームで気軽に取り組めることばかりなので、普段の業務にぜひ取り入れてみてください。

Challenge

自分の職場で「おはよう！」と挨拶をしよう！

（返事があれば「心理的安全性」が高い職場です）

「たった一言」が、緊張をほぐし安心感をもたらす

まずは近況報告、それからミーティング

プロノイア・グループでは、ミーティングを始める前に、**「何でも話していい時間」**を必ず設けています。

話す内容は仕事のことでなくてもOK。昨日、今日の出来事や感じたことを、一人ずつ自由に話してもらいます。互いの近況を報告し合って、「へぇ、そんなことがあったのね」と耳を傾けるだけの時間です。

「昨日、ちょっと風邪をひいてしまって……」

(そういえば顔色がよくないね。今日は早めに仕事を切り上げて、休んだほうがいいね)

「昨日、彼女にふられてしまいました」

(それはお気の毒。だからちょっと元気がないのね)

ほんの数分でも、メンバーそれぞれの状態を把握してからミーティングを始めると、ミーティングがとてもいい感じになります。

なんで今日はいつもと違って口数が少ないんだろうとか、機嫌が悪いのかなとか、ヘンな気を回す必要がなくなるのです。相手のことを思いやった発言ができるし、メンバーの状態に合わせてサポートを申し出ることもできます。何より、意見が活発に出るようになります。

これは社内のミーティングだけでなく、社外でのミーティングでも使えます。

初対面の相手とも近況を報告し合えば、互いの人となりを垣間見ることができて、親近感がわきます。心理的安全性が高まると仕事がどんどん楽しくなることを、すぐさま実感できるでしょう。

「ごめんね」と「ありがとう」の魔法

さらに、相手との距離を縮めるテクニックとして、**「ごめんね」と「ありがとう」をこまめに言います**。

自分が悪いことをしたなと思えば、「ごめんね」と謝り、誰かによくしてもらったら、「ありがとう」と感謝の気持ちを伝える。すごく簡単で何でもない言葉ですが、素の自分をさらけ出せるようになるとっておきの魔法です。

「ごめんね」と「ありがとう」には、互いの感情を流し、共感を生み出す力があります。たとえば、「この人、ちょっと苦手だな」と思う相手でも、「ありがとう」と言われるだけで、心のつかえが取れる。そんな経験はありませんか？

僕はいつも何の前置きもなく、開口一番で「ごめんね」「ありがとう」と言ってしまうのですが、そんな僕のアプローチを「感情がこもっていて、いいね」とコメントしてくれるスタッフもいます。

ケース❶

ピョートル「ごめんね」
スタッフ「え？　何のこと？」
ピョートル「さっきは慌ただしくて、〇〇ちゃんの話をゆっくり聞いてあげられなかった。だからごめんね」

ケース❷

ピョートル「ありがとう」
スタッフ「え？　どうして？」
ピョートル「今日、オフィスに花を飾ってくれたでしょ？　だからありがとう」

最初に細かく説明しないことで、深い感謝や申し訳ない気持ちが伝わります。１ｏｎ１

ミーティングなどで、お互いの緊張感をほぐすのにもうってつけでしょう。

Challenge

どんなときでも、すぐに「ごめんね」「ありがとう」を言おう！

PLAY WORK ケース②

プロノイアは組織戦略と企業間のコラボレーションにも力を入れています。その一例が、広報とブランドマーケティングを担当するイブン（平原依文）が担当したプロジェクトです。

部下が上司と飲みに行きたくないと思うのは、上司の過去の栄光や仕事の説教を延々と聞かされるから。職場の飲み会の心理的安全性を高め、もっと自己開示しやすい場にできないだろうか――。

その考えと合致したのが、よなよなエールで知られるクラフトビールメーカーのヤッホーブルーイングが企画したチーム〝ビール〟ディングというプロジェクト。そのなかで、イブンは「無礼講ースター」というゲームの開発に協力しました。コースターに書かれたいろんなテーマにYes/Noで答えながら、その場にいる全員が会話の中心になって、自由におしゃべりできるようになっています。

テーマは「仕事」以外のあらゆること。たとえば、「鼻毛が出ている人に指摘できてしまう」「大切な人との記念日にサプライズをしたことがある」といった内容に「Yes」

か「No」で答えます。

これならお説教や仕事論を聞かずに済みますし、相手の意外な一面を知ることができて、飲み会が盛り上がること間違いなしです。

イブンはヤッホーブルーイングと一緒に商品開発のアドバイスからメディア発信、コンテストまで企画することで、上下の関係ではなく、一人の人間として会話できるような、チーム〝ビール〟ディングという新しいコミュニケーション作りに貢献しました。

PRODUCT #2
ピースフル・ビアトークゲーム
無礼講ースター
NO

自己開示を妨げる課題に気付き、自ら楽しみながら「新しい自己開示」の方法を見出したイブンのプロジェクトは、まさにPLAY WORKの好例といえるでしょう。

「チャーミング」「明るさ」があれば、関係性は壊れない

意見の対立はチャーミングに！

チームのメンバー同士、ときには厳しいことを言わなければならない場面もあります。「○○さん、頑張ってくれてるのはわかるけど、これは改善が必要だな」といったことを伝えるときです。結果が伴ってこないメンバーへの声がけも同様です。

僕たちが大事にしているのは、意見（コト）の対立はしても、感情（ヒト）の対立はしないことです。つまり、**意見と感情を分けて処理する**。

しかし、これが特に日本人には簡単ではないようです。

よくありがちなのは、「改善してくれないと困るんだけど」と、感情モロ出しのしかめっ面で言ってしまうこと。これでは相手の反発を買い、感情的なしこりが残るだけです。

僕らのコンサル業務のなかでも、「意見の対立をもっと生みたい」という相談をたくさん受けます。でも、意見を対立させようとすると、感情の対立も伴ってしまうので、和を大事にする日本企業では意見の対立を生み出すのに苦心しているようです。


感情を対立させずに、意見の対立を生むには、**場の雰囲気を和ませる「チャーミングさ」と「明るさ」が大切です**。対立すれば、何かが壊れるリスクは避けられません。壊れるのは信頼関係かもしれないし、モチベーションかもしれません。壊したくないものを絶対に壊さないように守るのが、建設的なチャーミングさと明るさなのです。

では、僕たちが実践している方法をいくつか紹介しましょう。

方法❶ シリアスな話こそ、ヘンな眼鏡と仮装で！

絶対に笑ってはいけないシリアスな話をするときに、あえてヘンな眼鏡をかけたり、仮装で使うかつらをかぶったりします。

「自分のプロジェクトにはもう少し責任をもって取り組んでね」（with ヘンな眼鏡）

言われた立場からすれば、指摘は厳しくても、ヘンな眼鏡をかけた相手に言われると、つい笑ってしまいますね。「あなたのことが嫌いだから言ってるんじゃないの。大好きだから、厳しいフィードバックもするんだよ」。**先入観を抱かず自分を思いやる気持ちが伝わってくるので、相手の言葉をすんなり受け入れやすいのです。**

ヘンな眼鏡や仮装は、企業の研修でも重宝しています。

たとえば、部下が集められた研修に上司が同席する場合、部下は上司に何を言われるか不安で、緊張しています。そこで上司には、ヘンなかつらをかぶって登場してもらうのです。それを見た部下は、「あ、かつらだ……（笑）」。これで緊張が一気にほぐれます。

自己開示のメソッドとして紹介した「ライフジャーニー」をチームで行うときにも、ヘンな眼鏡や仮装はおすすめです。真面目な顔で聞いている人たちの前で、自分の大切な記憶や思い出を打ち明けるのは気恥ずかしいし、自分のことを理解してもらえるか不安です。

でも、ヘンな眼鏡をかけた人たちが目の前にいたら、その場の雰囲気がそもそもヘンです。何を言っても笑って聞いてもらえる気がして、ラクに話せるようになります。

方法2 アフターフォローに笑いをトッピング

厳しいフィードバックのあとは、相手がシュンとなり、ぎこちない空気が流れることがあります。そんなときは、場を盛り上げるための笑いを意図的に放り込んでいきます。

たとえば、Aさん「次はもっと考えてから行

動してください」、Bさん「はい、すみませんでした」というやりとりのあとに、Aさんが一言、**「どうしたの？　顔、暗くなってないですか？」**と冗談のようにつけ加えるなどします。Bさんの顔を暗くさせたのはAさんでしょ？　とツッコミが入るくらいがいいですね。

ミーティングが暗い雰囲気になってきたら、**議論とは無関係のクスッと笑えるような画像をパソコン画面に映し出して、いきなり見せる**ことも。笑いを生むのに、意味はなくていいんです。

意見の対立によって感情の溝が生まれても、そのムードを続けなければならない理由はありません。浮かない表情のままでお客さんに会っても、創造的な会話ができるはずもありません。シュンとしたままで終わらせないために、笑いでフォローするのです。

Challenge

緊張感や暗い雰囲気が漂うときに、場を和ませるイタズラを仕掛けよう！

価格ではなく、価値観を軸にビジネス関係を築く

自己開示すれば、価値観の合う人と仕事ができる

「自分はこんな人間です」と自己開示していくと、自分のやりたいことや価値観に共感してくれる人が、周りに集まってきてくれるようになります。

僕はもう何年も仕事ではスーツを着ていませんが、スーツ着用の有無にかかわらず、僕が提供する価値を認めてくれる人たちと一緒に仕事ができるようになるので、すごくラクです。

価値観を共有できる人とは、バックグラウンドや国籍、年齢の違いに関係なく、楽しく

仕事ができます。

たとえば、「オンとオフの境界線は設ける必要がない」というのが僕の考え方ですが、同じ価値観をもつ人には「時間が遅くなったから、食事しながら仕事の話をしましょうか」と気兼ねなく言えます。

ところが、オンとオフを区別したい人には、そうはいきません。6時になったら、「時間ですから失礼します」と定時を優先させたい人とは、仕事に向かうエネルギーのレベルに差が生まれてしまいます。連絡方法一つとっても、メールにしようか、LINEにしようか、電話にしようかと悩んでしまう相手だと、ストレスを感じます。

僕たちがビジネスの相手に期待するのは、オープンで対等なパートナー関係です。お金を出すクライアントがエライのではなく、価値観や信念でつながり、目の前の問題を一緒に解決していくパートナーシップです。

だから、営業のための売り込みはしないし、コンペにも参加しません。値段交渉をベースに良好なパートナーシップが築けるとは思わないからです。

その代わり、僕たちが力を入れているのは、ブランディングと口コミによる評判づくりです。具体的には、メディアの取材に応えたり、本を出版したりして、僕らの考え方を広く一般のビジネスパーソンに伝えています。また、人材開発に関連するイベントを主催して、参加者たちとの交流を大切にしています。

僕の本を読んで興味を抱き、イベントに参加してくれる人も大勢います。彼らはすでに僕たちの価値観に共感してくれています。イベントで興味をもって、「一緒に何かやりませんか？」と声をかけてくれた人とは、一歩踏み込んだ建設的な話をすることができます。

クライアントだとか、業者だとかの立場を超えて、「この人と一緒に仕事がしたい」と思える相手と仕事ができれば、仕事はもっと楽しくなるはず。そういう相手と出会うには、自分のやりたいことや価値観を周りに知ってもらい、共感の輪を広げていけるのが理想的です。そのために、自己開示は必要なのです。

次はいよいよ、自分のやりたいことを仕事にしていく段階です。Ｓｔｅｐ３では、自分らしく働くための「自己表現」としての仕事について考えていきます。

Challenge

価値観を軸に仕事をする相手を選んでみよう！

一般企業でライフジャーニーをやってみた

このStep2で紹介した「ライフジャーニー」（88ページ参照）のワークショップを、本書の発行元のPHP研究所で実施しました。

集まったのは、書籍と雑誌のチームに属する4人の編集者。プロノイア・グループからは、セラとイブンが講師として参加しました。

4人の編集者は皆、自分が希望する職業に就き、読者の役に立つ本づくりを目指して日々奮闘しています。メンバー同士のコミュニケーションもよく取れていて、仕事に夢中になれるだけの心理的安全性も確保されています。

でも、お互いに「なぜ編集者になったのか」「どんな学生時代を過ごしてきたのか」といったことまで突っ込んだ会話はしたことがなかったそうです。

そんな彼らに、今回、初めてライフジャーニーを通して自分の人生をふり返り、みんなの前で発表してもらいました。さて、相互の自己開示によって、チームにどのような変化が起きたのでしょうか。

原点を知り「印象が変わった」

まずは、本書の編集担当の**ゲンさんこと、大隅元さん**のライフジャーニーを紹介しましょう。

ゲンさんが生まれたのは、東京・青山の一等地。医者である父親から、医者になることを期待されて育ちました。

小学生のとき、父親の転勤で、千葉の田舎の公立小学校に転校します。都会育ちのゲンさんはクラスに馴染めず、学校にも行けない時期があったそうです。家では父親から厳しい勉強の猛特訓を受け、それが嫌で仕方がなかったといいます。

孤立しがちだったゲンさんが夢中になったのが、陸上の長距離走と、図書館で本を読むことでした。自分のペースで黙々と練習できる長距離走は自分に合っていて、関東大会に出場するほどの実力だったそうです。駅伝の大会にもチームで出場しますが、駅伝はチーム種目ですから、自分のタイムだけが速くても勝つことはできません。**個人の力**

の限界に気づかされたと同時に、チームで力を合わせるとはどういうことかを学んだのが、駅伝の経験だったといいます。

その後、本が好きだったゲンさんは医者の道ではなく、大学の文学部に進学。チームで取り組めることがしたいと思い、演劇に没頭します。スポットライトを浴びる役者と、舞台を支える裏方の両方を経験したことで、**演者目線で演出できるのが自分の強み、他人を輝かせる役割こそ自分の天性**と感じ、編集者になるため出版社に就職したとのことです。

ゲンさんが編集の仕事で大事にしていることは、**チームワーク**です。

著者やデザイナー、編集者などが各々の専門性をもち寄って、読者に届けたいメッセージを形にしていく。著者だけでなく、それぞれのプロの技にスポットを当てる。こうして自分たちが本づくりのプロセスを楽しめた本には、その楽しさが本から感じられるはず。そういう本をつくりたい、とゲンさんは

自分のストーリーを説明するゲンさん

発表を締めくくりました。

　発表に続くディスカッションでは、他のメンバーから「本を好きになったきっかけは何ですか？」と問われ、次のように答えました。

「母方の家がアパレルの会社を経営していたので、家には画集がたくさん置いてありました。『これが本なのか!?』と驚くほど大型の本も珍しくなかった。一般的に想像される本だけでなく、いろんなタイプの本に触れていたので、多様な世界観を表現できる本という媒体の可能性を若い頃から感じていたのは大きいですね」

　それを聞いた別のメンバーが感想を述べました。

「ゲンさんがつくる本は、写真やイラストの使い方がおしゃれだなと思っていたのですが、画集などい

ライフジャーニー中は“笑い”もトッピング！

ろんな本に触れてきた経験があったからなんですね」

他にも、「今はお父さんとの関係をどのように捉えていますか？」「子どもにはどんな本を読んでほしいと思っていますか？」などプライベートに関する質問も飛び出しました。ライフジャーニーを通じて、父親として、また息子としての顔も垣間見ることができ、「ゲンさんの印象が少し変わった」と話すメンバーもいました。

その人の行動パターンや価値観は、過去に経験した出来事に大きく影響されています。**その人がどんな人生を歩んできたのかを共有することで、その人がなぜそう考え行動するのか、なぜそれが得意なのか、といったことを知ることができます。**

これがライフジャーニーを共有する狙いの一つでもあるんです。

くり返すことで効果が高まる

講師役のセラとイブンは、ワークショップを行うたびに、自分たちのライフジャーニーを発表してきました。ライフジャーニーは何度もくり返すことで、自己認識や相互理解をより深める効果があります。

まず、本人にとっては、人生の転機をくり返し話すことで、「やはりこの経験が自分にとっては大きな意味があったんだな」と再認識することができます。また、仲間からのフィードバックを受けることで、「**この経験は自分ではそれほど重要だと思っていなかったけれど、意外と自分の性格形成に影響しているんだな**」と新たに発見できることもあるのです。

他のメンバーのライフジャーニーも、一度聞いただけでは忘れてしまうこともあります。何度も聞くうちに、「そうだった、彼（彼女）にはこの経験があったから、こういうことが得意なんだ」と改めて思い出すことができます。どのようなサポートをすれば相手が生き生きと働けるかを考えるきっかけになり、それがＰＬＡＹ ＷＯＲＫにつながっていきます。

ですから、**ライフジャーニーは一度だけで終わらせず、定期的にやってみることをおすすめします**。

相手に合ったコミュニケーションが大事

参加者の一人から、こんな質問を受けました。

「ライフジャーニーは、その人のかなりプライベートな部分まで開示することになるので、抵抗を感じる人もいるはずです。そういう人にもライフジャーニーを強要すると、逆効果なのではないでしょうか」

僕もその通りだと思います。人によっては、過去のつらい経験を聞かれたくない、話したくないという人もいるでしょう。また、チーム内に十分な心理的安全性が確保されていなければ、個人的な話をすることに躊躇するかもしれません。

大事なことは、**その人に合ったコミュニケーションを取っていくこと**です。チーム全員の前では話しにくそうなメンバーには、1on1ミーティングやランチに誘うなどして、個別に話す機会を設けるとよいかもしれません。

「わたしはあなたのことを知りたいと思っているし、あなたのことを受け止める準備がありますよ」というメッセージをいろんな形で伝えていきます。それによって次第に心理的安全性が高まってくれば、その人もだんだん自己開示したくなってきます。

やがて、ライフジャーニーを共有する場にも積極的に関わるようになるかもしれません。実際にこうした場面に出合うことがあります。

まずは上司から自己開示しよう

チームの心理的安全性を高めるには、まず、上司が部下に対して自己開示することがすごく大事だと思っています。あまりよく知らない上司のことを、部下は信頼することができないからです。

ある会社で取締役を務める田中さん(仮名)に、社員の前でライフジャーニーを発表してもらったときのことです。

田中さんのライフジャーニーをスクリーンに投影すると同時に、社員が投稿するオンラインチャットもリアルタイムで映し出す試みをしました。

はじめのうちは、「つまらない」「また成功談を聞かされるのかな」といった冷めたコメントが多く投稿されていました。面と向かって口では言えなくても、チャットという身近なツールなら本音をつぶやく人は多いのです。

しかし、田中さんのライフジャーニーが進み、失敗した経験や家族の話に及ぶにつれ、「**田中っち、いいこと言うね**」と共感するコメントが増えていったのです。

上司の自己開示は、トップダウンや縦割りの枠組みを崩し、心理的安全性を高める効果があります。まずは上司が部下に対して自己開示を行い、「わたしもあなたたちの話を聞きたい」「わたしはいつでもあなたたちの味方です」と語りかけることが大事だと思います。

部下からポジティブな反応が返ってこなくても、寄り添う姿勢を見せ続ければ、チームには必ず変化が表れるはずです。

Step

3

自己表現

Self-expression

What if your job is gone one day?

ある日あなたの仕事がなくなっていたら、
どうしますか？

Create value, get rewards.

価値を生み出し、報酬を得る

本来、仕事とは、誰かの指示を待つことなく、
主体的に社会と関わりながら価値を提供していく行為。
つまり、自分らしく働くための「自己表現」です。
自分のもたらす価値が社会に役に立つ経験は、
幸福感とワクワク感に満ち、
あなたに自信を与えてくれます。

相手にとって「価値」と感じれば、報酬となる

一人ひとりが「タレント」

突然ですが、朝、会社に行ったら、「あなたの仕事はないよ」と言われたとします。

あなたは、どうしますか？


これは、プロノイア・グループの採用プロセスで志望者に尋ねる質問です。

会社から与えられる仕事に慣れている人にとっては、「仕事がない＝何もすることがない」ことなので、この状況に戸惑うかもしれません。

僕の会社のスタッフは、明日、会社がなくなっていたとしても、自分たちで考えて動く

ことができます。**自分は何をしたいのか、社会に何をもたらしたいのかがわかっていて、それを自分らしく実現していくことが「仕事」だと理解しているから**です。自己認識に基づく自分らしい働き方を、本書では「自己表現」と呼びます。

僕たちが目標に掲げているのは、「タレント事務所のような会社」です。

一人ひとりが目標をもち、「やりたいこと」を人や社会に役立つ価値に変えていきながら、自己実現を目指します。自分のなかから何かを生み出すことの楽しさを知る人は、自分の強みや能力を生かし、タレント性を発揮して主体的に社会と関わっていこうとするはずです。

何をすればお金をもらえるのか

朝、自分の仕事がなくなっていたら、とりあえず今日からの生活費を稼ぐために、何かしなくてはなりません。さあ、どうしますか？

何をすればお金を払ってもらえるのか、あなたは考えるでしょう。

時給いくらのアルバイトや求人募集に飛びつくという選択肢は、ここでは外します。誰かに与えられ指示される仕事ではなく、**「タレント」として自分が生み出す仕事**を念頭に置いて考えてみてください。

いろんな稼ぎ方があるでしょう。歌が好きなら、夕方の街角で、仕事帰りのビジネスパーソンを癒す歌声を披露してお金に換えられるかもしれません。釣りが上手なら、釣りの腕前を上げるコツを人に教えれば、それにお金を払う人もいるでしょう。

あなたが提供する価値に払われるお金が、あなたの市場価値です。つまり、仕事の本質は、何らかの価値を世の中にもたらすことにあります。

誰かに与えられる仕事ばかりしてきた人は、「自分が提供できる価値」についてあまり考えてこなかったかもしれません。自分には取り柄がないから何もできない、と思い込んでいる人も多いのではないでしょうか。

「価値」と聞くと難しく感じるかもしれませんが、実はとても簡単なことです。

あなたがかけた言葉で相手がクスッと笑ったり、勇気づけられたりする。あなたが手を差し伸べたことで、相手から感謝される。こんなちょっとしたことも、相手は「価値」と感じます。

当たり前すぎて気づいていないだけで、誰しもお金をもらえる「価値」が手元にあるのです。

「自分が提供する価値＝相手が求める価値」ではない

価値に対する報酬はお金だけではありません。子育て中のお母さんにとって、子どもの成長に寄り添える喜びが何よりの報酬です。

社会貢献に尽力するボランティアは、お金の代わりに、世の中の役に立っているという自己肯定感を得ていると考えることもできます。親身になって友人の相談に乗れば、親愛の情が返ってきます。部下をいつも気にかけている上司は、部下からの信頼を得ることができます。

自分が提供する価値に対しては、何らかの報酬がもたらされます。その相手が顧客か上

★価値の提供を優先せよ!

− 報酬が前提となる働き方

相手が求める価値 ＝ 自分がしたいこと提供できる価値 ➡ 自分の仕事に迷いが生じる

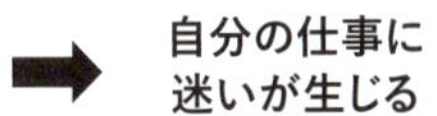

「今の仕事がなくなったらどうしよう……」

＋ 価値の提供を優先する働き方

相手が求める価値 ≠ 自分がしたいこと提供できる価値 ➡ 自分に自信がつく

あとから報酬がついてくる

「もっと頑張ろう!」

司か家族か友人かによって、発注書か給料か愛情かの違いがあるだけです。すべてに共通するのは、**「価値を提供すれば、報酬が返ってくる」**というシンプルな法則なのです。

これは、「対価をもらって何かをする」という従来の仕事のやり方とは、対極にある考え方です。**「自分は何がしたいのか」「社会に何をもたらしたいのか」が先にあって、それが相手に求められるものなら、価値に転換され、報酬がつく**という図式です。

たとえ対価をもらってする仕事でも、「自分が提供する価値は何なのか」という視点は大切です。僕らも当然、顧客から対価をいただく仕事をしていますが、「自分たちが提供する価値」が「相手が求める価値」と必ずしもイコールではないのです。

たとえば、企業の人事担当者から、社内コミュニケーション活性化のためのプログラムを依頼されたとします。人事担当者は「前回のプログラムが、社員の評判も上司のウケもよかったから、同じものをやって」と注文します。

依頼された通りのプログラムを提供すれば、「報酬」を得られるでしょう。ただ、それがベストな選択肢とも限りません。そこで僕らは「そんなプログラムをやらなくても、ピクニックを開けばすぐに仲良くなれますよ」と、ピクニックを提案するかもしれません。

予期せぬことを提案するのは、プロノイア・グループの存在価値です。いかに新しい価値を顧客と一緒に創造していくかを、僕らは大切にしています。対価をいただく仕事であっても、頼まれたことをそのままやるのは、僕らのビジネスではありません。

Challenge

「報酬」を前提とした仕事を待つより先に、自分の「価値」を提供しよう!

提供できる価値をいかに高めるかを考えれば、仕事の幅が広がる

アシスタントが提供できる価値とは

どんな仕事も、**「自分が提供できる価値は何か」という視点をもてば、やりがいのある仕事になります。**

アシスタント業務を取り上げて考えてみます。僕にも「**くま**（**熊倉由美**）」というアシスタントがついています。僕のスケジュール管理や名刺管理、メールチェックなど僕の業務アシストが主な仕事です。

これらの仕事を、簡単な仕事とか雑用とか呼ぶ人もいます。彼女も最初の頃は、アシス

タントの仕事にそれほどの価値を見出せていないようでした。

僕にとってスケジュール管理や名刺管理、メールチェックは、業務効率や生産性を左右する大事な作業です。しかし、アポイント調整や膨大な数のメールチェックだけでも、自分でやるとそれなりの時間が取られてしまいます。

くまは、そのような単純だけれども煩雑な作業を日々代行してくれます。おかげで僕は本来やるべき付加価値の高い仕事に集中できるのです。彼女の存在は、僕の活動に不可欠なインフラストラクチャーなのです。

「僕の人生、あなたに預けているんですよ」

僕は彼女にこう語り続けてきました。

最近では、彼女は自分のアシスト次第で僕のアウトプットがよくも悪くもなることを理解しています。たとえば、超多忙なスケジュールが続いたとき、彼女が自分の判断で僕の予定を動かして、「ピョートルは最近疲れているから、少し休んでください」と半日の休みを取ってくれました。

また、ある人からのメールを見て、「この人とは絶対に会ったほうがいいから、近いうちにアポを取りましょう」と提案してくれました。打ち合わせ場所を決めるときは、時間のムダなく移動できる場所を選んでくれています。僕の体調や好み、価値基準を把握したうえで戦略的にアシストしてくれるので、とても助かっています。

彼女の仕事は、アシスタントを大幅に超えた、コーディネーターやプロデューサーの域に広がりました。顔つきも以前より、自信が出てきたような気がします。

提供できる価値をいかに高めるかを考えれば、仕事の幅は驚くほど広がります。単なる雑用に思えた仕事が、組織に貢献できるやりがいのある仕事に変わり、仕事を楽しめるようになります。それが成長につながるのです。

Challenge

今の仕事に妥協するのではなく、仕事の価値を高め続けよう！

自分のセーフティゾーンから飛び出すと、新しい世界が待っている

〝ストームトルーパー〟を脱ぎ捨てろ

自己認識を妨げるのは固定観念だと書きましたが、自己表現を邪魔するのも固定観念です。**成功体験への執着、思い込み、常識、先入観など、「こうじゃなきゃダメ」だとか「こうあるべき」だとか、枠にはめようとする考え方はすべて「障害物」**です。

スタッフのタマちゃんが、面白いことを言っていました。

「以前のわたしは、〝ストームトルーパー〟だった」

ストームトルーパーは、『スター・ウォーズ』に登場する銀河帝国軍の兵士です。ウィキペディアには、「命令に盲目的に従うよう教育されていて、帝国の領地を迅速かつ正確に制圧し、秩序を維持するのが任務」と書いてあります。

Step1でも紹介しましたが、タマちゃんは僕の会社に転職する前、大手日本企業の管理職でした。縦型組織のなかで成功体験を積み上げてきて、「こうすればうまくいく」という暗黙のルールに従うのが彼女の常識だったのです。

片や、僕の会社は20代が中心のフラットな職場です。「新しい失敗大歓迎!」をモットーに掲げ、スタッフが自由に「やりたいこと」を見つけ、仕事にしていきます。

若いスタッフが発想するアイデアは、面白いと認めざるを得ないものの、タマちゃんには危なっかしくて見ていられなかったのでしょう。安全に、無難に物事を進めようとして、ネガティブに反応してしまうこともありました。一方で、「これまでの常識を捨てなければ、新しい価値を生み出すことはできない」と彼女の理性が警告する。すごく葛藤があったと思います。

ついに、タマちゃんは過去の常識を脱ぎ捨てます。

「それ、面白いからやろう！」

これまで彼女のなかにあった「当たり前」から脱却し、ついにミレニアル世代のアイデアを前向きに受け入れるようになりました。

「学びほぐし」につきまとう不快感の正体

それまでのやり方を手放すことを、**「学びほぐし」**といいます。

人の成長には、**「学び」が大切なのと同じくらい、「学びほぐし」が重要**だと僕は考えています（プロノイア・グループでは、〝Learn X Unlearn〟と捉えています）。

固定観念や成功体験に縛られていると、新しいアイデアが生まれないし、新たな挑戦ができず、変化や成長が妨げられてしまいます。だから、脱ぎ捨てたほうがいい。

学びほぐしに必要なのは、異なる価値観や考え方の人に会うこと。いろんな価値観に触れて、「自分の考え方は古いままなのかもしれない」と気づくことができたら、学びほぐしが始まります。タマちゃんの場合は、それまで所属していた会社とは正反対のフラットな環境に飛び込んだことで、価値観の衝突が起爆剤になりました。

学びほぐしの過程につきまとうのが、不快感や違和感などの「負の感情」です。

でも、この居心地の悪さは、決してマイナスのものではありません。居心地の悪さを感じたときが、変革の前触れなのです。企業の組織変革をイメージしてみてください。慣れ親しんだものを変えようとするとき、反発や抵抗が必ず起きます。それが個人の学びほぐしでも起きていると考えられるのです。

グーグル共同創業者のラリー・ペイジの言葉に、こんなフレーズがあります。

"Let's be uncomfortably excited."

ここに出てくる「uncomfortably excited」は、「ちょっと怖いけどエキサイトする」くらいの意味。**「未知の世界へ飛び出す怖さはあっても、どうせやるのなら、自分のセーフ**

セミナー会場にスナックが!?

ティゾーンを飛び出していけ!」。グーグルで好んで使われていた合言葉です。

タマちゃんが始めた「スナックたまえ」(Step1　29ページ参照)は、誰かの指示ではなく、「自分は社会に何をもたらすのか」を考えて自主的に取り組むプロジェクト。まさに、彼女自身のセーフティゾーンを飛び出そうとする試みです。

あとで聞くと、前日の夜まで、「こんなことをやって意味があるのだろうか、理解してもらえるだろうか」と葛藤があったのだとか。ビジネスの場面で着物を着ることすら、それまでの彼女の常識にはなかったわけですから、不快感や違和感に襲われて当然です。

スナックオープン当日。

タマちゃんの不安とは裏腹に、多くの参加者がスナックたまえに興味をもってくれました。「スナックのメタファーを使ったコミュニケーションとは、面白い発想だね」と好意的な反応もたくさんあったのです。

「ちゃんと受け止めてもらえるんだ……」。自分で始めた取り組みが価値あるものとして認められた瞬間、不安はエキサイトに変わりました。つまり、セーフティゾーンを飛び出すことができたのです。

タマちゃんは今、以前より楽しそうに仕事をしています。仕事への考え方がどう変わったのか、本人に聞いてみました。

『仕事はこうあるべき』と考えていると、しかめっ面になります。それよりも、『仕事は楽しんだ者勝ちだ』と思うようになりました。**仕事が楽しいから、発想も柔軟になって、相手のことも受け入れられるようになります。**若い子たちの突拍子もない発言や、型破りな行動に会っても、『次は何が起きるんだろう』と面白がれるんです（笑）」

タマちゃんは、かつての自分自身をストームトルーパーに重ね合わせました。

ストームトルーパーは、確かに優秀で仕事ができるかもしれません。でも、楽しいのでしょうか。彼らが笑ったところを見たことはありますか？　そもそもみんな同じ顔をしてますよね。結局、ストームトルーパーからクリエイティブな発想は生まれないのです。

Challenge

古い価値観に囚われているなと思っている人は、思い切ってストームトルーパーを脱ぎ捨てよう！

パターンを壊せ！　創造性を掻き立てる「クリエイティブ・カオス」

新たな価値はカオスから生まれる

創造性が生まれるのは、パターンが崩れたときです。予期せぬことが起きて、混乱や危機的な状況に陥ると、そこから抜け出すための知恵や工夫が働くからです。

そこで、僕たちが普段から意識しているのは、あえて「**混乱をつくる**」ことです。静かな水面をかき混ぜて、波乱を巻き起こすイメージです。新たな価値を生み出す混乱状態のことを、「**クリエイティブ・カオス**」と呼んでいます。

クリエイティブ・カオスを生み出すための方法をいくつか紹介しましょう。

カオス❶ 会議中に水をこぼす!?

少しだけ水の入ったコップを用意しておきます。議論が行き詰まったら、「あ〜!! 水こぼした、ごめんなさい!」「わ〜、ティッシュ、ティッシュ」「あるよ、これ使って!」と、あえて水をこぼして混乱をつくり出してみましょう。混乱に対処することで、参加者同士のチームワークが一気に発揮されます。

「やっときれいになった。みんなありがとうね!」「さて、アジェンダ何だったっけ?」。こうして議論を再開すると、それまでの停滞した空気が破られて、アイデアが活発に出るようになります。

この手法を本やワークショップで紹介したところ、実際にやってみたという人から、「すごく楽しかった」「会議がよくなった」とメールが届きました。ぜひ試してみてください。

カオス❷ 言葉で説明するより行動を変える

パターンを破るには、行動を変えるのが効果的。

たとえば、女性と話すのが苦手という男性から相談を受けたとします。「じゃあ、こうして、ああしてみたら？」とアドバイスするよりも、僕ならその場に女性を呼んでしまいます。

ピョートル「〇〇ちゃん、ちょっとこっち来て」
女性「なになに？」
ピョートル「田中君はね、女性と話すのがあまり得意ではないんだよね。ちょっとアドバイスしてくれる？　僕はトイレに行ってくるね」

その場から姿を消して、田中君と女性だけの状況をいきなりつくってしまいます。田中君にとってはカオスです（笑）。でも大丈夫。真剣なお題を与えられた女性は、「なんで苦手なのかな」「こう話せば女性は喜ぶよ」と親身にアドバイスしてくれるはずです。

気づけば、田中君は女性と楽しく会話ができています。僕が言葉でいろいろアドバイスするより、本人がその状況に飛び込み、身をもって体験するほうが意外と課題解決できてしまうのです。

カオス❸ ユニコーンの仮面をかぶる

「ユニコーン」って皆さんご存知ですか？　ツノが1つしかないあの伝説の動物のことですが、ビジネス用語では、評価額10億ドル以上の非上場、設立10年以内のベンチャー企業を「ユニコーン企業」といいます。

ある日、世界のユニコーン企業のリサーチを行っていたときのこと（ユニコーン企業を知ることは、未来の潮流を嗅ぎとるヒントになりますからね）。

気がつくと、画面の右端に、アマゾンの広告が表示され、かわいいユニコーン（動物のほう）のお面が紹介されているではないですか！

翌日……。ピンポーンと自宅のベルが鳴ります。

何か頼んだっけ～と出てみたら、アマゾンからユニコーンのお面が届きました。そうです。僕、思わずポチッとしちゃってたんです。

「これはさすがに社員に怒られるかな……」と思いながらも、恐る恐るユニコーンのお面を「SLUSHTOKYO」という世界のスタートアップが集まる祭典にかぶっていきました。

それがスタッフに大ウケ！　祭典で出会った海外のスタートアップ起業家たちにも大好

評でした。いろいろな人から声をかけられたり、写真をねだられたり、そこからビジネスの話が広がっていったのです。

出来事の始まりだけを見れば、僕がユニコーンのお面をポチッとしたことは、合理性もなく単なる気まぐれだったかもしれない。

でも、**ふいに訪れた面白いこと、何か楽しいことにつながるかもしれないという直感にまずは従い、誰も思いつかなかったような創造につなげていく。**これが、プロノイア流「クリエイティブ・カオス」であり、弊社の誇れる文化なのです。

Challenge

少し恥ずかしい「混乱」をあえてつくり出し、クリエイティビティを高めよう！

会議や会食でのイタズラを共有できない相手とは仕事をしない

毎週1個のイタズラを仕掛ける

僕たちのイタズラ好きはすでにご存知だと思いますが、イタズラも混乱をつくるには最強の道具です。常識から外れたことをやったり、ルールとは違うことをやったりするのがイタズラです。

スタッフ同士でイタズラを仕掛けるだけでなく、**「お客さんに対しても毎週1個のイタズラを仕掛ける」ことを目標にしています**。

スタッフが仕掛けたイタズラの一部を紹介しましょう。

イタズラ❶　忘年会で紙芝居!?

お客さんと1年をふり返るプチ忘年会を開いたときのこと。この1年間、一緒に取り組んでよかったこと、よくなかったことを共有することにしました。

資料作成を担当したセラが、パソコンを開いて説明するのかと思ったら……。取り出したのは紙芝居！　手描きのイラストを見ながら1年の思い出をふり返りました。うれしい混乱にお客さんも喜んで、和やかな忘年会になりました。

セラに理由を聞くと、「楽しい会食の場の雰囲気が壊れちゃうから、パワーポイントのスライドを見せることに抵抗があった」と話していました。**自分の思いや直感を大事にして行動しているからこそ、ためらいもなくイタズラを仕掛けることができたのでしょう。**

イタズラ❷　インターンが社長にもの申す!?

インターンの学生が、あるときこんなイタズラを宣言。

「今週は、相手が社長さんでも、打ち合わせ中に何か一言発言します」

普段は、打ち合わせに同席して、議事録を取っているインターンの学生が、いきなり社長に向かって発言すれば、混乱が生まれますね。さて、結果やいかに。

イタズラ❸ 「大企業は滅びる」って言っちゃった!?

セラが大企業の役員の方と会食をすることになりました。彼女はスタートアップのことは詳しいけれど、大企業に関する知見に乏しいことを気にしていました。それで大企業のことを知りたくて、その方に直接聞いてみることにしたのです。

「メディアでは、(職場の柔軟性に欠ける)**大企業はこのままいくと滅びるという報道が数多く、コンサルという仕事を通じながらも、正直わたしも一部そう説得されつつあります。**率直な質問ですが、30年の間内側から変化を見てきた大企業の役員として、実際のところどう見ていますか?」

ちょっと不躾(ぶしつけ)でストレートすぎますね(笑)。でも、こういう挑発による建設的な対立はどんどん仕掛けるといいですね。役員の方は、「いや、大企業にもこんないい面があるんですよ」と真摯に答えてくださいました。

僕たちのイタズラは、**失敗が大前提**。だから、「そのイタズラ、ヤバイね」「やらかしちやったね」という失敗はよくあります。

僕たちは性善説を基本スタンスにしているので、人を信じて最後までコミュニケーションをあきらめなければ、修復できない関係はないと思っています。

誤解があれば誠実に話し合い、謝るべきことは謝ります。もちろん、イタズラを仕掛けても関係が壊れないくらいの信頼関係を築いておくことが前提です。

それでも関係が切れてしまうのなら、それまでです。イタズラは、クリエイティブ・カオスを生むために必要な道具であり、嫌がらせとは違います。**この価値観を共有できない相手とは、一緒に仕事をすることができません。**イタズラは価値観の乖離（かいり）を測るリトマス試験紙でもありますね。

Challenge

毎週1回、仕事中に、あっと驚かれるような「イタズラ」を仕掛けよう！

多様性のある組織をつくるポイントは、「人への好奇心」

ダイバーシティの目的を考える

年齢や性別、国籍、価値観、生活様式などが異なる**「多様性（ダイバーシティ）」**も、クリエイティブ・カオスを生み出すという点で、イタズラと同じ効果があります。いろんな価値観や考え方をもつ人たちの建設的な議論から、気づきが生まれ、新たな価値の創造へとつながっていきます。

だからといって、あらゆる職場で「女性の活躍推進！」とか「高齢者やLGBTの雇用」などを掲げる必要はありません。それこそパターン化された思考に陥っています。

そもそも多様性が必要かどうか、職場ごとに考えなければなりません。

ＢｔｏＣの商品やサービスを生み出す職場では、多様性が重要視されます。たとえば、グーグルやＹｏｕＴｕｂｅのように世界中で使用されているサービスや、食品、一般消費財など幅広い層の人たちが利用する商材を提供している会社は、社会の多様性を上回る組織をつくらないと、新しい価値を生み出すことはできません。若者から高齢者、外国人、ＬＧＢＴもメンバーに加える必要があるでしょう。

もちろん、どんな価値を生み出すかによって、組織に求められる多様性の質は変わってきます。まずはその点をクリアにしておかなければなりません。

そのうえで、年齢や国籍、価値観が異なる人たちが建設的な議論をしたり、有機的な人間関係を構築したりするには、ちょっとしたコツが必要です。

まず、**何のために多様なメンバーが集められているのかを、一人ひとりが理解すること**。マネジメントが「60代女性が加わっている理由は、〇〇です。外国人も参加している理由は△△です。多様な人たちの会話から生まれる可能性を探るのが、この組織の目的です」というように、チームにしっかり説明することが大事です。

意見の多様性が大事だと理解し、納得できれば、互いの意見に耳を傾けて建設的な議論を進めやすくなります。

それでも異なる意見に耳を貸そうとしない人がいるなら、**「面倒かもしれませんが、意見交換をするのがこの組織のルールです」「建設的な会話をするのが皆さんの仕事です」**と言語化して意思統一を図ることも必要になってきます。

人はそれぞれ違っていて面白い

バックグラウンドや価値観が違う相手のことは、理解できなかったり、共感しにくかったりするかもしれません。自分と意見の合わない相手のことを、「あの人は仕事ができない」「考え方がズレてる」と切り捨ててしまうこともあるでしょう。僕も若い頃は、そんな傾向があったと思います。

でも、大人になって考えが変わりました。「人はそれぞれすごく面白い」ことに気づいたからです。

僕の話を少しすると、共産主義体制だった母国のポーランドでは、学校を卒業すると工場や農家で働くのが当たり前でした。僕の家族のなかでも、高校と大学へ行ったのは僕だけです。エリートかそれ以外かに、社会構造が二極化していました。

大学に進んだ僕は、エリート階級のインテリたちが興味を抱くものに夢中で、その他のことにはまったく興味を示しませんでした。未熟でバカだったと思います。「この人としゃべっていても時間のムダ」とか、「ここにいてもつまらない」とか思っていたんです。

ところが、働き始めた20代後半の頃から、考え方が変わってきました。

人はそれぞれ面白いところがある。見た目や教育レベルで境界線をつくって、その人から学ばないなんてもったいない。むしろ相手に失礼というか、人間として失格だな、と気づいたんです。

その最大の理由は、僕の**「好奇心」**です。

年齢を重ねるごとに、僕の好奇心はどんどん強くなっています。好奇心があるから、「この人は何を考えているのかな」「なぜそういう発言をするのかな」と知りたいと思う。

相手の言葉に耳を傾けるようになるし、相手のことをよく観察するようにもなります。
多様性のある組織で、建設的な人間関係を築くためのキーワードは、「人への好奇心」といえます。

Challenge

「バックグラウンドが違うかも」と思う人にこそ、好奇心を働かせよう！

好奇心と圧倒的スピードで、「見えない価値」を高めていく

PLAY WORKの基本はすぐにやる

「こういう価値を世の中にもたらしたい」という思いがある。自分を枠にはめることもやめた。あとは、スピードを上げてガンガン動くだけです。

会いたい人がいれば会いに行き、一緒に仕事をしたい人には声をかける。面白そうだと思ったら、飛び込む。**アクションを起こすなら、「今すぐ」です**。とにかくスピードが大事です。

先日、日本を訪れている外国人とイベントで知り合いました。近日中にその人の国を訪

問する予定だったので、こんなお願いをしました。

「今度あなたの国に行く予定なので、オフィスにうかがってもいいですか?」「こういうツアーを予定していて、この人を探してるんですけど、つないでいただけませんか?」

名刺交換してから、わずか2分での出来事です。これには隣にいたスタッフが目を丸くして、「ピョートルがどういうふうに動いているか、やっとわかった」と言っていました。**「これが欲しい」と思ったら、すぐにそう伝えるのがPLAY WORKの基本です。**

30分も話したら、何らかの形でクロージングしなければダメです。次の動きにつなげないと、その30分は意味がなくなります。

自分は相手にどんな価値を提供できるのか、あるいは、相手からどんな支援が受けられるのか。いずれにせよ、相手に聞いてみなければわかりません。

だから、**〝How can I help you?(何かお困りですか?)〟**の質問は必須なのです。


なぜスピードが大事なのか。

価値には、「見える価値」と「見えない価値」があります。「見える価値」は限定的ですが、「見えない価値」は無限の可能性を秘めています。「見えない価値」をどれだけ高められるかは、あなたが動くスピード次第だからです。詳しく説明しましょう。

「見える価値」は、「給料がいくら」「この仕事の対価がいくら」のように、値札のついた価値のことです。そのわかりやすさと確実性から、多くの人は「見える価値」を得ようとします。

たとえば、家族を養うために安定した収入が欲しい、リスクを取りたくない……。そういう人たちは「見える価値」を好みます。その代わり、やりたくない仕事も我慢し、義務感で仕事をせざるを得ない状況が生まれています。定価が決まっているので、一気に単価を上げることが難しいのも、「見える価値」の特徴です。

一方、「見えない価値」は、誰からも強制されることなく、自由に生み出せる価値です。あなたの動き次第では、どこまで価値が膨れ上がるか未知数です。値段がつけられない価値です。

たとえば、僕が本を執筆するとき、インタビューに協力してくれる人たちがいます。忙しい仕事の合間をぬって、気軽に応じてくれます。ただし、インタビューの価値が今すぐお金になるわけではありません。対価を決めてインタビューをお願いしているわけではないからです。

でも、やがて本が出版されて、彼らのことを本で読んだ人たちが、「あの人、ピョートルの本に出てた人だ。直接会って話をしてみたい」と連絡してくるかもしれません。

実際にそういうケースがあります。それが仕事につながれば、大きな価値に転換されるかもしれないのです。

値札がないからといって、価値がないわけではありません。見えていないだけで、大きなチャンスが潜在している可能性があります。

「面白そう」と思ったら、迷わず飛び込め

「見えない価値」を手にするには、直感を働かせて、ガンガン動くしかありません。いろいろ考えたり悩んだりしているうちに、チャンスは逃げてしまいます。ビジネスに直感とスピードが大事なのはそういうことです。

もちろん、大きな決断をする際に、十分な検討と分析を必要とする場合もあります。そんなときでも、**直感で選んだ選択肢をベースに検討したり、最終決断で直感が働いたりす**

ることで、よりよい決断ができる可能性もあります。

その「直感」とは何かといえば、「なんか面白そう！」。これでいいんだと思います。

さて、この章の冒頭で提示した質問を改めてします。

「朝起きて、あなたの仕事がなくなっていたら、どうしますか？」

枠にはめることをやめ、「世の中に何らかの価値をもたらしたい」と考える今のあなたなら、ムズムズと動き出したくなっていることでしょう。

自己認識、自己開示、自己表現と進めてきて、その先にあるのが「自己実現」です。さあ、あなたはどんな自己実現をしていきますか？

Challenge

「面白そう！」と思ったら迷わずやってみよう！

Step

4

自己実現

Self-realization

What makes you special?

あなたにしかできないことは、何ですか？

自分らしく、他者や社会に
貢献する

Be yourself, contribute to society.

自分にしかできないことをやり、
周りの人や社会に貢献できたときに、「自己実現」に達します。
周りから喜ばれ感謝されることで、
仕事に対する誇りや自己効力感（自分に対する自信）が高まり、
仕事がどんどん楽しくなります。
自己実現とは、生きる意味でもあるのです。

組織で働きながらでも、自己実現はできる

自分にしかできないことを、実現する

僕が考える**「自己実現」**とは、自己認識から自己開示、自己表現までのプロセスを通じて、「自分にしかできないことを実現する」ことです。

ここで僕から最後の質問です。

「あなたにしかできないことは、何ですか？」

「自分にしかできないこと」といっても、自分一人で完結する趣味や、自己満足を満たす

ための行動は自己実現にはつながりません。自分がもたらす価値が、周りの人や社会に認められてこそ、自己実現しているということができます。

社会の課題解決を掲げる起業家や、フリーランスでやりたい仕事に就いている人は、「自分にしかできないことを実現している」という実感をもちやすいでしょう。あるいは、夢中になれる趣味がある人は、それを極めることで、インストラクターや評論家、著述家として収入を得る道も考えられます。

それに比べて、会社組織で働いている人は、「自分の仕事は誰にでもできる」とか、「自分の代わりはいくらでもいる」などと、〝組織の歯車〟のような感覚に陥りやすいかもしれませんね。

しかし、**たとえ起業家やフリーランスでなくても、やりたいことを仕事にしていなくても、自己実現する道は無限にあります**。

実際、組織で働きながら自己実現している人はたくさんいます。

また、金銭的な報酬を得ていなくても、子育てやボランティア活動、地域活動などで世の中に価値をもたらし、自己実現している人は存在します。「自分にしかできないこと」は、誰でも見つけることができると僕は思っています。

組織にいながら自己実現しているケースとして、真っ先に思い浮かぶのは、**ガイさんこと、片貝朋康さん**です。広告代理店勤務のガイさんは、かれこれ3年以上一緒に仕事をしている僕たちのパートナーです。

ガイさんも、以前は「自分の人生を生きている」という実感がもてないまま仕事をしていたそうです。そんな彼が、どのようにして自己実現に至ったのか、そのプロセスをこれから紹介しましょう。

組織で働く人はもちろん、あらゆる立場の人にとって、「自分にしかできないことは何か」を考えるヒントになるはずです。

〈自己実現への道～ガイさんのケース〉

自己認識

自分の人生、自分が主役でなくてどうする？

ガイさんが「自分の人生をどう生きるのか」を真剣に考え始めたのは、アメリカのデザイン会社・ホルスティー社が掲げた、自分らしく生きるためのマニフェストを目にしたことがきっかけでした。

"THIS IS YOUR LIFE.（これはあなたの人生です）"

この一文から始まる力強い主張の数々に、ガイさんは心を鷲摑みにされたのです。
当時、会社から与えられたミッション（=利益目標）が絶対だと思い込み、ミッションをコンプリートすることに情熱を燃やしていたガイさん。でも、次第に息苦しさを感じるようになります。

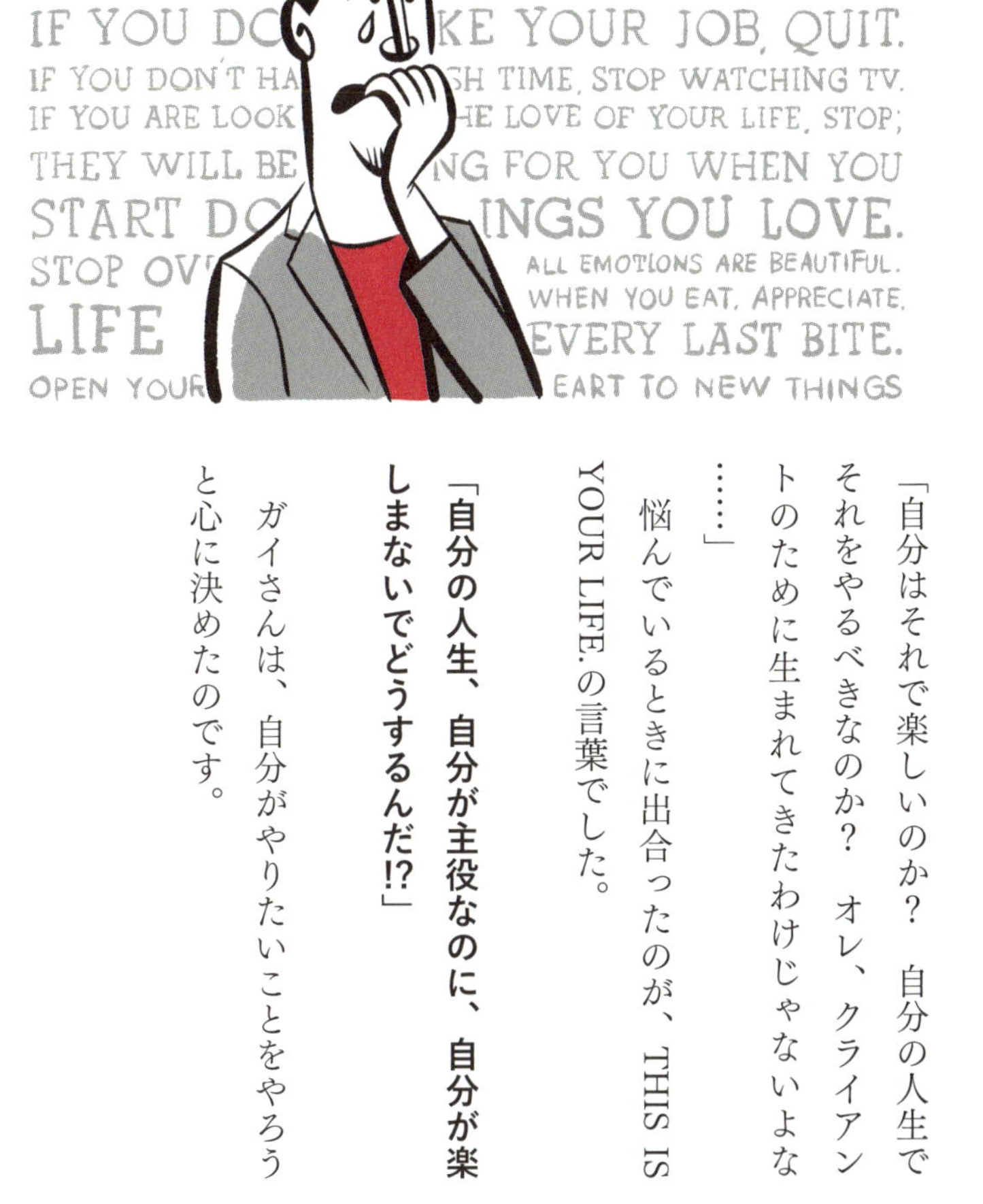

「自分はそれで楽しいのか？　自分の人生でそれをやるべきなのか？　オレ、クライアントのために生まれてきたわけじゃないよな……」

悩んでいるときに出合ったのが、THIS IS YOUR LIFE. の言葉でした。

「自分の人生、自分が主役なのに、自分が楽しまないでどうするんだ⁉」

ガイさんは、自分がやりたいことをやろうと心に決めたのです。

自己開示

「メディアが嫌い」で意気投合

ガイさんと出会ったとき、僕たちはコンサルタントとクライアントの関係でした。出会ってすぐ、ガイさんは、広告マンらしからぬ言葉を発して僕を驚かせました。「メディアが嫌い」と彼は言ったんです（笑）。

多くのメディアはネガティブなアプローチが多すぎるというのがその理由でした。

「人生はもっとハッピーなものだし、世の中のありたい姿をメディアは伝えていくべき」というガイさんの意見に、「まさに！」と僕も共感しました。

ガイさんの言う通り、メディアはいいニュースを伝えていないと僕も思っていました。たとえば、テクノロジーの進化に伴い、人々の生活はもっとよくなるはずなのに、誰もそのことには言及しません。反対に、「ＡＩに仕事が奪われる」というネガティブな側面ばかり強調する。

ＡＩが人間の仕事を代替するなら、人間はもっとラクで楽しい仕事をやればいい。そんなポジティブなメッセージがあってもいいはずです。

ガイさんが自分の考えを率直に開示してくれたおかげで、お互いのことを理解し合うことができました。このことは、僕とガイさんの信頼関係の土台になったと思います。

自己認識 ガイさん流「やりたいこと」の見つけ方

ガイさんがつくる広告は、見る人を笑顔にさせるハッピーな広告ばかり。逆に、「これを買わないと大変なことになるよ」と消費者を煽るような広告を、彼は一度もつくったことがないそうです。

とはいえ、ガイさんも昔から、「ハッピーな広告をつくりたい」と明確に認識していたわけではありませんでした。いろんな人との出会いや経験を重ねるうちに、少しずつ、その思いが強くなっていったのです。

「本当にやりたいこと」は、無理やり探すものではないとガイさんは言います。むしろ、**「毎日を丁寧に生きていれば、やりたいことはおのずと見つかる」**と考えるのがガイさん流。

そんな彼が最近大切にしているのが、食事です。

以前は、「あ〜、お腹空いた。とりあえず飯！」と雑に扱っていた食事を、一口一口味わって食べるようになってから、食事が好きになったそうです。そのきっかけをつくったのも、他者との会話でした。

あるとき、「あなたは食べることを雑にしている。食事は最高のエンターテインメントだよ」と教えられたガイさん。それで試しに食事を味わってみたら、「お〜！　これは確かに素晴らしい！」と感激したのでした。

「好きなこと」や「やりたいこと」は、自分で見つけられる場合もあれば、誰かに教えられて気づく場合もあります。ガイさんのように、「何でもやってみよう」とオープンな気持ちで挑戦してみると、「やりたいこと」に出合えるチャンスも高まると思います。

自己表現

本業と「やりたいこと」をクロスオーバーさせる

ガイさんは今、組織に属しながら、とても自由に動いています。会いたい人がいれば会いに行き、興味をもった人には、「一緒に何かやりませんか？」と声をかける。そのほとんどが仕事につながっています。

自由に動いているからといって、会社から与えられるミッションや、クライアントの要望から外れて、自分本位になっているわけではありません。クライアントへの提案に「自分のやりたいこと」を織り交ぜるなどして、本業と「やりたいこと」をクロスオーバーさせているのです。だから、「やりたいこと」をやりながら、会社の利益にも貢献しています。

ガイさんは、そのような彼自身の動きを「忍者」にたとえています。殿様の言うことには絶対服従で、しくじればハラキリが待っているのが「侍」。**一方、「忍者」は自分に必要な動きを自分で判断し、神出鬼没で情報をゲットします。**

侍も忍者も、殿様から与えられるミッションを遂行する点で違いはありません。でも、両者に象徴される働き方は、

「中長期的な視点があるかどうか」が大きく違うとガイさんは話します。

「**中長期的に利益を生むには、社会に対して価値あることをしていかなければなりません。**多くの会社が、社会的な価値を生み出すことを企業理念に掲げていながら、それが現場に落ちてくると『数字』になっている。ビジネスパーソンはいつもこの『数字』に挑発されています。でも本当は、社会的に価値あることを生み出すことのほうが大切なんです」

自己表現 自分の役割は自分で決める

僕がいつも不思議に思うのは、「ガイさんは会社でどれくらいエライ人なのか」ということです。

正直にいえば、僕は他人の役職にまったく興味がありません。でも、**ガイさんに仕事の話をもちかけると、8割方はビジネスにつながります。**これには興味津々です。

僕の経験でよくあるのは、社長に仕事の話をすると、「面白いからやりましょう」と乗ってくれる。でも、社長から役員、役員から部長、さらに課長に話が降りる頃にはモチベーションが落ちて、「社長に言われてしょうがないからやる」ことになるわけです。最悪の場合、「社長は忘れっぽいから、しばらく放っておこう」と放置されることもあります。

会社の代表取締役のことをCEオブ・ザ・カンパニー（chief executive of the company）と表現しますが、僕は**「問題解決できる人」のことを「CEオブ・ザ・プロブレム」（問題の代表取締役）と呼んでいます**。ガイさんは自分を平社員だといいますが、役職に関係なく、「CEオブ・ザ・プロブレム」の意識で動いているのだと思います。

つまり、自分で意思決定するか、もしくは、意思決定ができる人を巻き込んで、「イエス」と言わせるか。ガイさんの場合、何かアクションを起こす前に、上司にお伺いを立てることはほとんどないそうです。ガイさん曰く、「僕の人生なので、僕が判断してやるべきだと思っているんです」。

その姿勢を貫いているから、ガイさんは社内で自由に動いても、文句を言われないんですね。むしろ、「これ、どう思う？」と上司や後輩から意見を求められる存在です。

自分から問題に立ち向かっていく人は、組織内でもリスペクトされます。たとえ挑戦が失敗に終わったとしても、とがめられることはありません。自分の役割を自分で決められる人は、組織の常識やルールを超越した存在になれるのです。

自己表現　完璧なプレゼンをやめたら、創造性が増した

広告代理店のプレゼンは、なぜあんなに完璧にこだわるのか、僕はいつも疑問でした。これから世に出ていく広告なのに、それが正しいかどうかなんて絶対にわからない。それなのに、「オレたちの提案は完璧だ、絶対に間違ってない」とでも言いたげな提案は、ちょっと違うんじゃない？

だから、ガイさんにもそう言ったんです。

ガイさんが言うには、完璧にこだわるのは広告代理店の「ブランドとプライド」なんだとか。でも、本当にいい広告をつくりたいのなら、クライアントと一緒になって考えるほうがいいに決まっています。ガイさんは「確かにそうだね」とうなずいて、それ以降、プレゼンで完璧を追求することをやめました。

それでどうなったかというと、クライアントの当事者意識が増して、よりいいアイデア

が出るようになったのです。

「これ、教えてください」とクライアントに素直に言えるようになったら、プロジェクトがいい感じに進むようになったとガイさんは言います。

その理由は、**完璧なプレゼンをやめることで、ちょっとした混乱が起きたからでしょう。**提案する人（広告代理店）と、提案される人（クライアント）の境界がなくなり、全員が強みや得意分野をもち寄って協働するチームになったと考えられます。

自己開示 家と職場で、同じレベルの「心理的安全性」を保つ

家のソファでくつろいでいる時間を思い浮かべてみてください。それと同じ心理状態で職場でも働くことができたら、仕事はかなり楽しくなります。自分が自分らしくいることができ、安心して何でも言える状態を、「心理的安全性」と呼びます。

ところが残念なことに、日本のビジネスパーソンの多くは、家でも職場でも心理的安全性を感じられていないのではないかと思います。家にいる自分も職場にいる自分も、どちらも本当の自分ではないのなら、いつ、自分らしくいられるのでしょうか。

ガイさんは、心理的安全性の重要性を理解して、職場でも心理的安全性を高める努力をしています。

プロノイア・グループと同様、ミーティングを始める前にみんなで行う近況報告もその一つです（Ｓｔｅｐ２　１０６ページ参照）。互いの状況を知ることで、親近感や思いやりが生まれ、心理的安全性が高まる効果があります。特に大きなプロジェクトが始まる前や、新しいメンバーと一緒に仕事を始めるときには、必ず取り入れているそうです。

「自分が一番バカなことを言って、場を盛り上げています」とガイさん。彼が仕事で「やりたいこと」を実現できるのは、家にいるときと同じ心理的安全性で仕事ができていることも大きいといえます。

自己表現　生み出す価値に、人が集まる

ＦＩＦＡワールドカップ南アフリカ大会のとき、ガーナのいくつかの村で、パブリックビューイングのスクリーンが設置されました。現地の子どもたちがスクリーンを食い入るように見つめ、試合に熱狂する。その様子をドキュメンタリー映像にしたテレビＣＭも制

作されました。これが「Public Viewing in Africa」プロジェクト。

ガイさんが手掛けた仕事のなかで、最も誇れる仕事の一つだそうです。

「当時、ガーナはワールドカップの代表でしたが、国内は電気が通っていないエリアが多く、テレビ普及率が20パーセント以下。つまり、8割くらいの人がワールドカップを生放送で見られない状況でした。だったらガーナの人たちにサッカーを見てもらおう！　と、僕たちはガーナに飛んで、パブリックビューイングを実施したんです」

ガイさんらしい心温まる広告の仕事だと思います。また、アフリカの現状を世界中の人々と共有するという社会的意義もあります。

このアイデアには求心力があったので、クライアントや制作プロダクションの立場の違いを超えて、関係者がみんな真剣にプロジェクトに向き合ったそうです。

アイデアに求心力があると、「やりたい人」が集結して、熱量が増幅していきます。「みんなで価値を生み出そう」と一致団結できれば、損得勘定に絡むヘンな政治が介入する余地もなくなります。一部の人間だけがいい思いをするのではなくて、「みんなでいい思いをしよう！」。互いに価値を提供し合えるパートナーシップが築けたとき、プロジェクトはすごくいい方向に向かっていきます。

自己表現 生み出す価値に、値段がつく

はじめからノルマや対価が決まっている仕事では、ノルマを達成すれば、ハイ、終了。でも、そうではない仕事では、「この仕事だけやりなさい」と指示する人は誰もいません。自分で見つけ出した課題に対し、自分で解決方法を考え、そのための仕組みを生み出していく。最終的に世の中に価値を提供できたときに、後付けで金銭的な報酬がついてきます。

僕のような起業家や、組織に属しながら自分のやりたいことに挑戦するガイさんのような人は、後者のやり方で仕事をしています。

その結果、ビジネスを生み出すための活動が仕事の大半を占めることになります。

僕の場合でいえば、**収益に直結する時間は全体の3割で、残りの7割はビジネスを創造するための時間**。

ガイさんも同じような動きをしていて、プロジェクトが終わったら、次のビジネスの種子を探すための〝フィールドワーク〟に出て、いろんな人に会っているそうです。

いったん、世の中に価値がもたらされると、それを面白がる人や求める人が多ければ多いほど、「もっと多くの人たちに届けよう」「もっと大きな仕掛けをつくろう」とビジネスの規模が拡大していきます。それに伴って、市場価値も高まっていきます。

このように、対価やノルマのない状態から生み出す仕事には、無限に広がる可能性が秘められているのです。

自己実現 仕事に爽快感を！ 自分らしく生きている実感を!!

ガイさんが自分らしく生きようと決めてから、最も変わったのは、**「仕事を楽しむようになったこと」**だといいます。

ガイさんは、仕事に「好き」のエッセンスを取り込むのが上手です。一緒に仕事をしたい人をプロジェクトのメンバーに誘ったり、自分が伝えたいハッピーなメッセージをクライアントに提案してみたり。ガーナでのパブリックビューイングも、サッカー好きのガイさんが公私混同（いい意味で！）して実現させたプロジェクトでした。

仕事に好きな要素があると、仕事が爽快になります。その結果、仕事＝好きなことになっていくんだと思います。

ガイさんにとって、仕事は「働いている」感覚を超えて、「生きている」感覚を呼び起こすもの。

「志を同じくする人たちと一緒に、世の中にストレートにアクションを起こす感覚が好き。これをやっているときは、自分らしく生きている感じがします」

ガイさんは誇らしく語りました。

Challenge

ガイさんのPLAY WORKを参考に
自己認識→自己実現のフローをつくってみよう！

★ガイさん流PLAY WORK

④ **自己実現**

仕事に「好き」を
盛り込むように！

- ガーナでのパブリックビューイング
- プロジェクトに好きな人を招く

報酬がついて
くるように！

③ **自己表現**

仕事の規模を
拡大していく

- ビジネスを生み出す活動
- 自分で意思決定を下すようになる
- 本業とやりたいことをクロスオーバーさせる

② **自己開示**

心理的安全性を
高く保つ

- メンバーのことをよく知る
- 自宅にいるような精神状態を保つ

① **自己認識**

働き方をふり返る

- 自分が楽しくないことを知る
- やりたいことに気づく

楽しみながら働くことが、自分らしく生きることにつながる

PLAY WORKは、あなたにしかできないことである

「好きなこと」や「やりたいこと」を仕事にするのか、あるいは、仕事を「好きなこと」や「やりたいこと」に転換していくのか。楽しく仕事をするには、その人なりのやり方があるはずです。

一ついえるのは、**誰かがあなたのために仕事を楽しくしてくれることはない、ということ。仕事を楽しくするのはあなた自身の責任**です。

つまり、PLAY WORKは、あなたにしかできないことなのです。あなたの仕事が、

社運をかけた一大プロジェクトであろうと、上司をサポートするアシスタント業務であろうと関係ありません。

アシスタント業務を例にとると、スケジュール管理や名刺管理をタスクと捉えた場合、それらは誰にでもできる仕事かもしれません。でも、それをあなたが行えば、あなた自身の目的が加わります。

あなたの目的とは、組織の生産性向上に貢献したいとか、周りの人たちを幸せにしたい、といったことかもしれません。さらに、あなたなりのやり方（得意なやり方、好きなやり方）でやることで、「あなたにしかできない仕事」に変わります。

仕事を楽しめるようになると、仕事とプライベートの境界線はなくなっていきます。楽しいことなら、仕事かプライベートかに関係なく取り組みたいと思うものだからです。

僕にとって、帰ってから仕事のことを考えるのはお楽しみです。

今日1日をふり返って頭の中を整理すると、「あれはこういうことだったんだよね」「こういうアイデアもあるんだね」と気づくことがあります。自分の仕事が好きだからこそ、夜も仕事のことを考えるのです。

誰もがフロー状態に入れる方法

このように、まるで遊んでいるかのように仕事が進んでしまうPLAY WORKのときに起きている状態を、科学的には**「フロー状態」**と呼びます。

実はこの状態になると、体内では実際に充実感や楽しさを高めるホルモン物質が放出されているだけでなく、**脳の中での意思決定メカニズムが普段とはまったく違う状態に切り替わり、作業の生産性が3倍以上に跳ね上がるのです。**

フロー状態とは、もともとアスリートの世界では「ゾーン」や「ランナーズハイ」といわれていて、一流のアスリートしか入れない崇高な状態というふうに考えられてきましたが、実はそんなことはありません。

誰もがこの状態に入ることができます。これは、プロノイア・グループのメンバーのセラが、大学院での研究を通じて実証したことであり、著書『3倍のパフォーマンスを実現するフロー状態 魔法の集中術』（世羅侑未著、総合法令出版）では、誰もが個人単位で取り

★フロー状態に入るための5ステップ

ステップ1
つよい意図をもつ

ステップ2
リラックスする

ステップ3
手順をイメージする

ステップ4
フィードバック体制をつくる

ステップ5
ちょっとした混乱を仕掛ける

●ステップ①、⑤
…フローフォームをつくる

●ステップ②～④
…フローフォームを阻害する3つの要因を取り除く

出典：『3倍のパフォーマンスを実現するフロー状態 魔法の集中術』（世羅侑未著、総合法令出版）

組める、フロー状態に入るための5つのステップを紹介しています。

つまり、フロー状態をもたらすPLAYWORKの手法は、いつでも、誰にでも開かれているということです。

冒頭では、日本の職場が残念ながらPLAYWORKとかけ離れたものになってしまっているというお話をしましたが、本書を読んでそのヒントをつかんだ皆さんこそが、その状況を変えられる鍵を握っていることを忘れないでください。

仕事は、マラソンではなく、スプリント

もちろん、ずっと仕事をし続けることがいいといいたいわけではありません。ダラダラ

と長時間にわたって仕事をすることは、前出の『魔法の集中術』でもフロー状態の逆効果とされており、PLAY WORKのためにも、生産性向上のためにもなりません。

そこで、最後にもう一つ、PLAY WORKのための時間の使い方のコツを紹介して、この本を終わりにしたいと思います。

仕事は、マラソンではなく、スプリント（短距離レース）の意識が大切です。全力で走ったら、しばらく休み、また全力で走る。スプリントにメリハリが必要なように、**ひたすら集中する時間と休憩時間を交互にくり返しながら、仕事のリズムをつくることが大切です**。

リズムは人それぞれ違いますが、目安としては、90分ごとに休憩をは

90min.
10min.

さむイメージです。人間の脳は、90分ごとにスイッチオフされるといわれています。90分間仕事に集中したら、10分くらいはコーヒーを飲んで休憩したり、種類の異なるタスクをはさんだりして、気分転換するとよいでしょう。

これでPLAY WORKに関する話は終わりです。

自分は何をしているときが楽しい？　どういう状況でワクワクする？　いつも楽しさのセンサーを全開にして、遊びの感覚を仕事に取り入れてみてください。あなたが楽しみながら働くことが、あなたらしく生きることにつながっていきます。

毎日の仕事が楽しく、笑顔で過ごすためには何ができるのか、あなたなりのやり方を考えて、ぜひ実践してみてください。

Challenge

本書を閉じて、自分がいかに楽しみながら仕事をしているかを周りの人に伝えよう！

PLAY WORKにも規律は必要

「遊ぶように働く」のがPLAY WORKだといっても、楽しければ何でもありというわけではありません。

ありがちなのは、スタートアップが出資を受けて余裕ができると、「みんなで合宿しようぜ！」「飲みに行って親睦を深めよう！」と楽しいことをやりたがります。

それはいいとして、じゃあ、目標設定や評価制度はどうするのか、についてはあまり考えていないことも多いのです。

僕たちが提唱するPLAY WORKは、**楽しみながら「アウトプットを生み出す」ことにこだわっています**。アウトプットを生み出して、報酬を得る。報酬はお金で支払われる場合もあれば、感謝という気持ちで表される場合もありますが、いずれにしても、周りの人や社会への貢献が、PLAY WORKを通じて僕らが目指すこと。仲間内で盛り上がるだけの独りよがりは、PLAY WORKではありません。

アウトプットを生み出すには、楽しさだけでなく、厳しさも必要だと考えています。

自由は尊重されるべきですが、守るべきルールもしっかり存在する。柔軟でありながら、決めたことは必ず遂行する。相反する要素で成り立つ〝**パラドックスカルチャー**〟が、PLAY WORKの特徴でもあるのです。

僕たちがPLAY WORKを実践するうえで大切にしている、5つのパラドックスカルチャーを次にまとめました。

★パラドックスカルチャー

1. 「失敗への許容」と「学習意欲への厳しさ」
2. 「実験への意欲」と「厳しい規律」
3. 「心理的安全性」と「残酷なほどの率直さ」
4. 「コラボレーション」と「個人の責任」
5. 「フラット」だけど「強いリーダーシップ」

カルチャー❶ 「失敗への許容」と「学習意欲への厳しさ」

プロノイア・グループでは、「Implement first（前例をつくる）」を文化スローガンに掲げて、日々、新しいことに挑戦しています。前例をつくるためなら、新しい失敗は大歓迎！

だからといって、同じ失敗をくり返していいということではありません。行動をふり返って失敗から学び、よりよいアウトプットにつなげるための努力が求められます。

カルチャー❷ **「実験への意欲」と「厳しい規律」**

面白そうだと思えば、まずやってみる。いろいろ考えたり迷ったりしているうちにチャンスを逃してしまうくらいなら、完璧にこだわらずに、実験のつもりで取り組む姿勢を大切にしています。

ただし、目的やゴールがあいまいなまま、むやみやたらに実験しても意味がありません。アウトプットの質を高めるためには厳しい規律も必要です。他社の例を挙げると、アウトドアブランドのパタゴニアも、社員に果敢な挑戦を奨励する一方で、最高の製品をつくるための詳細なデザイン理念を設けています（左ページ参照）。

カルチャー❸ **「心理的安全性」と「残酷なほどの率直さ」**

メンバーが心地よく働けるための心理的安全性を確保することが、PLAY WORKのベースです。

これは馴れ合いや妥協を許すことではありません。間違いがあれば指摘し、言うべき

★パタゴニアのデザイン理念（チェックリスト）

1. 機能的であるか
2. 多機能であるか
3. 耐久性は高いか
4. 修理可能性
5. 顧客の体にフィットするか
6. シンプルの極致か
7. 製品ラインアップはシンプルか
8. 革新なのか、発明なのか
9. デザインはグローバルか
10. 手入れや洗濯は簡単か
11. 付加価値はあるか
12. 本物であるか
13. 美しいか
14. 流行を追っているだけではないか
15. 柱となる顧客を念頭にデザインしているか
16. 不必要な悪影響をもたらしていないか

出典：『新版　社員をサーフィンに行かせよう――パタゴニア経営のすべて』（ダイヤモンド社）

ことは言う厳しさもときには必要です。逆にいえば、厳しい意見や指摘を率直に伝え合えるのも、心理的安全性が確保されているからこそ。「心理的安全性」と「残酷なほどの率直さ」は、どちらが欠けてもPLAY WORKではなくなってしまいます。

カルチャー❹ 「コラボレーション」と「個人の責任」

プロノイア・グループでは、どんな案件やプロジェクトも2人で取り組むペアワークが基本です。お互いに苦手な分野を補完し合いながら、自分の得意分野で力を発揮できる点でPLAY WORK

を可能にします。

ただし、ペアワークをうまく機能させるためには、個人の責任の明確化が欠かせません。それぞれがどの部分に責任をもつのか、どちらが全体をマネジメントするのかを決め、綿密にコミュニケーションを取りながら進めていくことが大切です。

カルチャー❺ 「フラット」だけど「強いリーダーシップ」

プロノイア・グループはプロジェクトに対して、基本的にメンバー全員がフラットな意見交換をします。

これは決して自分の意見をただただ発言するというものではありません。発言する際にはきちんと社会と経営に対してどんな価値があるのか、「リーダーシップ＝責任」をもって表明するという意味が込められております。各プロジェクトに対しても、みんながプロジェクトオーナーとしてではなく、**RACI（Responsible＝実行責任者、Accountable＝説明責任者、Consulted＝協業先、Informed＝報告先）に基づき役割分担を最初に決めています**。この仕組みをベースに、プロジェクトに関与するメンバーはそれぞれのロールにおいてリーダーシップを発揮する必要があります。

おわりに

新元号「令和」が発表されたときの安倍首相の談話に、次のような言葉がありました。

「春の訪れを告げ、見事に咲き誇る梅の花のように、一人ひとりの日本人が明日への希望とともに、それぞれの花を大きく咲かせることができる、そうした日本でありたいとの願いを込め、令和に決定いたしました」

これを聞いたとき、「まさにＰＬＡＹ ＷＯＲＫのことだ！」と僕は思いました。

また、「令和」には、「人々が世代を超えて協力し合うなかで文化が育まれる」という意味が込められているそうですが、そうした考え方もＰＬＡＹ ＷＯＲＫに共通すると思います。

一度きりの人生。他の誰のものでもなく、あなた自身の人生です。互いの存在を認め、尊重し合いながら、それぞれが自分らしく楽しく働くことで自己実現を目指すPLAY WORKは、新しい令和の時代にふさわしい働き方であり、生き方だといえます。

僕がセミナーやワークショップなどでPLAY WORKを紹介すると、「それってグーグルだからできる働き方ですよね？」「ガチガチの日本企業であるわたしたちの会社では無理です」といった反応が必ずといっていいほど返ってきます。この本の読者のなかにも、同じように感じた人がいるかもしれません。

でも、考えてみてください。

「グーグルだからできる」とか、「日本企業だからできない」といった考え方自体が、固定観念です。

固定観念に縛られている限りは、現状を変えることはできないし、PLAY WORKも実現できないでしょう。無意識のうちに固定観念という枠にはめられていないか、自分自身に問いかけてみる必要があります。

そのうえで、自分に何ができるのかを考えていきます。もちろん、長年にわたる組織の常識や慣例を一気に変えようとするのは大変です。伝統的な日本企業ほど、変革への抵抗は強く、変えていくのは容易ではないかもしれません。

でも、あなたが動くことで、小さな波紋を起こすことはできます。たとえば、「職場での会話が少ないな」「心理的安全性が感じられないな」と思ったら、隣の人を飲みに誘って、飲みながらいろんな話をしてみるのもいいでしょう。

クッキーをつくるのが好きな人なら、職場に手作りクッキーをもっていって、他部署とのミーティングのたびにクッキーを差し入れするとか。それを続けているうちに、「いつも手作りクッキーをもってきてくれる〇〇ちゃんだね」と話しかけられることが増えたり、「クッキーのお礼に、何か手伝えることがあったら言ってね！」と職場での交流が活発になったりするかもしれません。

ＰＬＡＹ ＷＯＲＫのムーブメントを起こすために、あなたにできることがきっとあるはずです。「わたしがチームにできることって、何かあるかな？」「わたしって、何が得意だったっけ？」と考えることで、自己認識を深めるきっかけにもなります。まずはそこから始めてみませんか？

なお、ＰＬＡＹ ＷＯＲＫとも関連のある著作が今後続々と発刊される見通しです。『成長企業は、なぜＯＫＲを使うのか？』（ソシム）、『ニューエリートの英語』（仮題、かんき出版）、『ニューエリートの教科書』（仮題、ＳＢクリエイティブ）。ぜひ、楽しみにしていてください。

最後になりますが、この1冊はたくさんの方々のサポートがあって生まれました。

本書を楽しみながら企画・編集してくださったＰＨＰ研究所の大隅元さん、編集協力してくださった前田はるみさんをはじめ、フェイスブックで数々のプレイフルな投稿と原稿に対する貴重なご意見をくださった、オンラインサロンNEW ELITE FORUMメンバーの岩根拓行さん、木原和幸さん、中西佑介さん、大村真美果さん、平林大地さん、小野澤孝良さん、増尾仁美さん、菅原武志さん、郡司大さん、田中慎さん、村山理紗さん。プロノイアメンバーである、熊倉由実さん、世羅侑未さん、殿岡弘江さん、平原依文さん、星野珠枝さん、片貝朋康さん、折田智美さん。この場を借りて心より感謝を申し上げます。

休み下手な日本人は、まだまだPLAYWORK発展途上国です。
本当に集中すべきことに対して集中し、プレイフルなPDCAサイクルを実現しましょう！

２０１９年６月

ピョートル・フェリクス・グジバチ

amazon

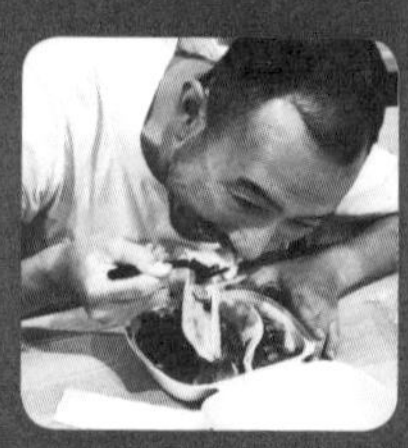

nalytics 組織づくりと働き方分析

NEW ELITE
ニュー・エリート

PLAY
WORK

ポム、
プロノイア入社
1周年記念
おめでとう

NEW ELITE
ニュー・エリート
ピョートル
5万部突破!

PLAY WORKをシェアできるオンラインサロンも運営しているので、ぜひご参加ください!!

NEW ELITE FORUM ～未来を創造する～
https://lounge.dmm.com/detail/1782/

プロノイア・グループと著者の各種SNSアカウントはこちら!

プロノイア・グループHP
https://www.pronoiagroup.net/
プロノイア・グループ　フェイスブックページ：@pronoiagroup
https://www.facebook.com/pronoiagroup/
ピョートル氏フェイスブックページ：@piotrgrzywaczofficial
https://www.facebook.com/piotrgrzywaczofficial/
ピョートル氏ツイッター：@piotrgrzywacz
https://twitter.com/piotrgrzywacz

〈著者紹介〉

ピョートル・フェリクス・グジバチ (Piotr Feliks Grzywacz)

プロノイア・グループ株式会社代表取締役/モティファイ株式会社取締役チーフサイエンティスト。プロノイア・グループにて、企業がイノベーションを起こすための組織文化の変革コンサルティングを行い、その知見・メソッドをモティファイにてテクノロジー化。2社の経営を通じ、変革コンサルティングをAIに置き換える挑戦をする。

ポーランド生まれ。2000年に来日し、ベルリッツ、モルガン・スタンレーを経て2011年にGoogleに入社。アジア・パシフィック地域におけるピープル・ディベロップメント(人材開発)に携わったのち、2014年からはグローバル・ラーニング・ストラテジー(グローバル人材の育成戦略)の作成に携わり、人材育成と組織開発、リーダーシップ開発の分野で活躍。2015年に独立し現職。

著書に、『NEW ELITE ニューエリート』(大和書房)、『世界最高のチーム』(朝日新聞出版)、『人生が変わるメンタルタフネス』(廣済堂出版)などがある。

PLAY WORK(プレイ・ワーク)
仕事の生産性がグングン高まる「遊びながら働く」方法

2019年8月6日　第1版第1刷発行

著　者　ピョートル・フェリクス・グジバチ
発行者　後藤淳一
発行所　株式会社ＰＨＰ研究所
東京本部　〒135-8137　江東区豊洲5-6-52
第二制作部ビジネス課　☎03-3520-9619(編集)
普及部　☎03-3520-9630(販売)
京都本部　〒601-8411　京都市南区西九条北ノ内町11
PHP INTERFACE　https://www.php.co.jp/

組　版　株式会社PHPエディターズ・グループ
印刷所　株式会社精興社
製本所　株式会社大進堂

 ISBN978-4-569-84335-3